U0089363

古代歷史文化研究輯刊

十二編

王明蓀 主編

第16冊

中古世家大族范陽盧氏研究（上）

韓濤 著

國家圖書館出版品預行編目資料

中古世家大族范陽盧氏研究（上）／韓濤 著 -- 初版 -- 新北市：
花木蘭文化出版社，2014〔民103〕
序6+ 目6+162 面；19×26 公分
（古代歷史文化研究輯刊 十二編：第16冊）
ISBN 978-986-322-896-7（精裝）
1.盧氏 2.家族史 3.中國
618   103013902

ISBN-978-986-322-896-7

9 789863 228967

古代歷史文化研究輯刊
十二編　第十六冊　　　　　　　　　ISBN：978-986-322-896-7

中古世家大族范陽盧氏研究（上）

作　　者　韓濤
主　　編　王明蓀
總 編 輯　杜潔祥
副總編輯　楊嘉樂
編　　輯　許郁翎
出　　版　花木蘭文化出版社
社　　長　高小娟
聯絡地址　235 新北市中和區中安街七二號十三樓
　　　　　電話：02-2923-1455／傳眞：02-2923-1452
網　　址　http://www.huamulan.tw 信箱 hml 810518@gmail.com
印　　刷　普羅文化出版廣告事業
初　　版　2014 年 9 月
定　　價　十二編 20 冊（精裝）新台幣 38,000 元
版權所有·請勿翻印

中古世家大族范陽盧氏研究（上）

韓　濤　著

作者簡介

韓濤，1983 年生，河南項城人。陝西師範大學歷史文化學院在讀博士，中國孔子研究院助理研究員，主要研究領域爲隋唐史、思想史、經濟史。曾任《孔子文化》雜誌執行主編、百花洲文藝出版社編輯。曾在世界儒學大會秘書處工作，於 2009 ～ 2012 年期間先後籌備了四屆世界儒學大會。參撰《孔子思想與中華民族精神》、《孔子這樣說》、《中國儒學圖式》、《古八德研究與故事新解》、中華孝文化研究集成叢書《歷代孝德論輯釋》等多部著作，發表學術論文十餘篇。

提　　要

　　本書是對中古時期世家大族范陽盧氏所作的個案研究，時間跨度在東漢末至唐大約七百年間。范陽盧氏出自姜姓，齊國後裔，因封地盧邑而受姓盧氏，秦朝博士盧敖其子孫遷居至涿水一帶之後，定居涿地，以范陽爲郡望，後世遂稱范陽人。始祖盧植以儒學顯達於東漢，肇其基業，盧毓位至曹魏司空，其後盧欽、盧珽、盧志、盧諶累居高官，永嘉之亂後范陽盧氏主體滯留北方，艱辛守望范陽故里，十六國時期先後與佔據幽州地區的石趙、前燕、後燕政權合作來維持家族的延續。范陽盧氏成員中只有盧諶後人南渡江左，但在東晉南朝以反叛者的角色出現。至北魏太武帝時盧玄「首應旌命」，被徵召入朝，地位凸顯，范陽盧氏與清河崔氏成爲北方一流高門士族。北魏分裂後，戰亂頻仍，政局動蕩，范陽盧氏受到打擊，官位不顯，大部分成員入仕東魏北齊，也有進入西魏北周政權者。唐初，李唐政權打擊山東士族，范陽盧氏暫時沉寂，直至高宗武則天時期復又崛起，先後有八位范陽盧氏成員官至宰相。在婚姻上，范陽盧氏注重門第婚姻，婚姻圈子大致穩定在清河崔氏、滎陽鄭氏、趙郡李氏、隴西李氏、太原王氏幾個大族，其中又以與清河崔氏、隴西李氏兩家通婚最爲頻繁；北魏和北齊時期與皇室通婚頻繁，而隋唐時期未發現與皇室通婚現象。在宗教信仰上，崇佛誦經，修道超逸。在家族文化方面，范陽盧氏以儒學傳家，尤重三禮之學，湧現出以盧植爲首的一批碩學鴻儒，在書法、繪畫、史學方面也有卓越的成就；唐代范陽盧氏家學由經學轉向文學，詩歌大盛，盧氏詩人蜚聲文壇。在禮法門風上，貫徹儒家倫理，以孝悌忠義治家。

本研究得到陝西師範大學研究生培養創新基金（2013CXB006）支持。

序

王洪軍

　　家族史的研究始終是歷史學、文化人類學與社會學的一個重要課題。這是由家族組織在人類社會中所佔有的地位決定的。在社會中家族組織是從事生產和其它各類社會活動的最基本的群體，它對於社會經濟、政治制度、文化傳承及其整個社會結構的構成與運作，都具有極大地促進或制約的作用。在中國社會中這種作用表現的尤爲突出和明顯，中國古代以儒家思想治國，她所提倡的「親親」、「仁愛」、「忠孝」思想，對中國社會的影響至深且遠。在中國歷史上各朝各代始終體現出一種家國一體、家國不分的政治體制結構。而在這種政治體制結構中家族的作用是極爲突出的，有些西方學者甚至認爲，對於中國家族史的深入研究，是解開古老東方神秘大門的一把鑰匙。這是很有見地的。對於家族史的研究是中國史學研究中的一項重要課題。

　　恩格斯在《家庭、私有制和國家的起源》一書中指出：人類社會的生產主要有兩種：一是生產資料的生產和再生產，一是人種的繁衍，即「人類自身的生產」〔註1〕。而組成社會的每一個成員，其個體生命都是有限的，要使整個人類社會文化能夠得以傳遞並使得不斷發展，亦要對子女進行撫養和教育，〔註2〕這些，都必須通過一種特定的社會組織即家族來進行。此外，在人類社會中，任何個人通常都是在與他人的相互聯繫中從事生產或進行其他社會活動的，即是說，是在群體中生活的，家族自然是人類最原始、最普遍、

〔註1〕 恩格斯：《家庭、私有制和國家的起源》第一版序言，《馬克思恩格斯選集》第四卷，北京：人民出版社，1972 年版，第 2 頁。

〔註2〕 劉斌雄：《家族親譜空間的數理分析》，臺北：中央研究院《民族學研究所集刊》第 47 期，1979 年春季。

最基本的一種社會群體。家族在這幾方面的功能，即使在現代社會中亦沒有消失，所以現代社會仍然將家族作爲一項主要研究內容，以至形成所謂家族社會學，而在中國的中古社會中，由於生產力水平的相對低下，人類交往範圍依然受到一定的局限，因此家族的上述功能不僅沒有喪失與消弱，而且表現得更爲顯著，家族組織作爲社會的基礎，對社會制度亦具有強烈的影響。正像恩格斯曾指出的「勞動越不發展，勞動產品的數量、從而社會的財富越受限制，社會制度就越在較大程度上受血族關係的支配。」〔註3〕恩格斯原意當然是指原始社會的情形而言，但在中國中古社會中，生產力雖然有所發展但並不發達，血緣關係、家族組織對社會經濟、政治制度、禮儀規範、文化傳承等諸方面，仍具有一定的制約作用。所以，對於歷史學家來說，如欲對中國古代社會的面貌及其發展演變情況獲得眞切的認識，都必須對當時家族形態與功能給以充分的注意。

家族史的研究對中國歷史研究來說，尤其具有特殊的重要性，因中國家族組織始終對社會生活發生深刻影響，其時間之悠久，作用之深刻，皆是舉世罕見的。甚至在近、現代中國社會，家族組織、家族主義以及由其衍化出來的思想意識，仍有著不可低估的作用。所以中國社會已被社會學家稱爲「家族社會」。〔註4〕但當我們探討中國古代社會的家族形態時，即會發現她更具有典型的意義。

對於家族史的重視，在歷史上曾經出現過三次高潮，第一次是在漢魏兩晉時期。唐人柳芳曾經如是說：「初，漢有鄧氏《官譜》，應劭有《氏族》一篇，王符《潛夫論》亦有《姓氏》一篇。宋何承天有《姓苑》二篇。譜學大抵具此。」〔註5〕東漢末年的長期戰亂，造成中國歷史上一次大的人口流動，眾多文化大族由於逃避戰亂紛紛遷出中原地區，有的遷往江南、東南和西南地區，有的遷往西北和東北遼東地區，整個社會人口分佈產生了重大變化。

第二次高潮是在南北朝至隋唐之際，無論是在官方還是在民間興起一個譜學的熱潮，但這些譜諜與家傳，眞正可稱者並不多，對此柳芳曾如是說：「王氏之學，本於賈氏。唐興，言譜者，以路敬淳爲宗，柳沖、韋述次之。李守

〔註3〕 恩格斯：《家庭、私有制和國家的起源》第一版序言，《馬克思恩格斯選集》第四卷，北京：人民出版社，1972年版，第2頁。

〔註4〕 高達觀：《中國家族社會之演變》，南京：正中書局 1946年1月版。

〔註5〕 柳芳：《姓系論》，《全唐文》卷三七二，北京：中華書局，1983年影印本，第3780頁上。

素亦明姓氏，時謂「肉譜」者。後有李公淹、蕭穎士、殷寅、孔至，爲世所稱……魏太和時，詔諸郡中正各列本土姓族次第爲舉選格，名曰：「方司格，人到於今稱之」〔註6〕。

第三次高潮是在明清時期，由於元明之際的社會動蕩以及明朝初年的官方移民，故至明清時期，又掀起一個修譜的高潮，但此次家譜的修撰，其始祖大多追述至明朝初年，其追述較遠者可追述至「三皇五帝」時期，一般是追述到五代時期，且對於五代時期先祖事迹與世系大多已不甚了了。

家族作爲社會群體或社會組織，長期存在於中國古代社會，也是 20 世紀中國社會結構的組成部分。19 世紀末 20 世紀初，正是中國社會劇烈動蕩的歷史大變動時期，在民權觀念、民族主義的影響下，學習西方、反思傳統、尋求自強之路成爲時代的強音。20 世紀對家族問題的認識是與對傳統社會定性和解決現實社會革命的道路問題緊密相聯。在幾乎整個 20 世紀家族基本上被作爲落後消極的東西。

進入 20 世紀 80 年代，家族史與宗族史的研究空前活躍和繁榮，家族與宗族史研究進入一個新的歷史時期。這一時期的研究主要分爲三個時段：一是先秦時期，對於父系公社、商周家族宗族宗法的研究；二是秦漢魏晉南北朝隋唐時期，較爲集中在世家大族的形成、門閥士族的研究；三是宋元明清尤其是明清時期的宗族研究。其研究涉及的領域逐步拓寬，不僅有整體性研究，而且還有斷代與專題性研究，地域性宗族研究也在這一時期展開。伴隨著社會史研究的興起，家族史與宗族史的研究，方興未艾，取得了眾多學術成果，成爲歷史學最富有成績的領域之一。

1996 年以後，對於中古時期家族與宗族的研究，尤其是個案研究依然是學者研究的一個熱點問題，不僅有大量相關論著相繼問世，而且大量的學術論文相繼發表，涉及的家族有河東裴氏、河東薛氏、河東柳氏、琅琊王氏、趙郡李氏、范陽盧氏、蘭陵蕭氏、清河崔氏、司馬氏、吳郡張氏、吳郡顧氏、吳郡陸氏、吳郡朱氏、吳郡步氏、吳郡諸葛氏、京兆杜氏、吳興沈氏、滎陽鄭氏、盧江、陳郡、東海何氏、濟陽蔡氏、尋陽陶氏、京兆韋氏、陳郡謝氏、渤海刁氏、渤海高氏、陳留阮氏、琅邪諸葛氏、平原高唐劉氏、公孫氏、北地傅氏、青州崔氏、泰山羊氏、潁川荀氏、潁川陳氏、潁川鍾氏、靜海姚氏、太原王氏、桓氏、洛陽長孫氏、尉遲氏、武威賈氏、弘農楊氏、會稽虞氏、

〔註 6〕柳芳：《姓系論》，《全唐文》卷三七二，第 3780 頁上。

安定朝那皇甫氏、高涼馮氏、河間邢氏、陽翟褚氏、關隴安氏、彭城武原到氏等等家族；研究的問題既有對整個家族進行全面論述者，亦有對家庭與宗族、家族仕宦、家學門風、家族信仰、家族教育和思想文化、家廟祭祀與禮法、大族的歷史地位與衰落原因、家族譜等問題的研究。此外，還有對邊疆少數民族家族研究的文章。

進入 21 世紀之後，家族史研究熱潮依然高漲，對歷史上大大小小的家族幾乎都有學者涉及，既有文化世家叢書的出版，也有地域性家族史研究的展開，家族史研究之所以會引起人們如此強烈的關注，一是家族是中國歷史上具有典型社會意義和文化意義的社會組織，幾千年來「親親尊尊」的血緣親情、家族觀念深入人心，「立愛唯親，立敬唯長，始於家邦，終於四海。」〔註7〕家族血緣關係可以放大擴展，「君子之事親孝，故忠可移於君；事兄悌，故順可移於長；居家理，故治可移於官。」〔註8〕正是家族血緣關係把「家」與「國」溝通為一體，國是家的放大，「就像皇帝通常被尊為全國的君父一樣，皇帝的每一個官吏也都在他所管轄的地區內被看作是這種父權的代表。」〔註9〕因此，中國歷史上家族生生不息，世代繁衍，譜系清晰可考，文化代代相傳，即使政權不斷更迭，家族卻能獲得延續。對於這樣重要的社會組織進行研究，意義重大。二是與 20 世紀 80 年代以來，史學研究的轉向有關。傳統的政治史、軍事史、經濟史等領域逐漸式微，而代之而起的社會史、文化史、區域史研究欣欣向榮，史學研究者關注的視野從宏觀走向微觀，從整體走向區域，從政權更迭走向文化嬗變。家族史作為社會史和區域史研究的一個方面，也不斷引起人們的重視。三是新資料的大量出現也刺激了家族史研究的活躍。這種新資料包括兩個大的方面，第一是近年來不斷出土的墓誌碑文的整理與公佈；第二是史學研究者搜集史學資料的視野再擴大，陸續公佈的檔案、方志資料中蘊藏著豐富的社會史內容，均成為史學工作者進行社會史研究的重要史料基礎。

即將奉獻在讀者面前的《中古世家大族范陽盧氏研究》一書，是韓濤博士在其碩士畢業論文基礎上充實修訂而成，前後歷時近八個春秋，是對中古時期山東五大郡姓（其他四姓為：崔、李、鄭、王）之一范陽盧氏的研究成

〔註7〕《尚書·伊訓》。
〔註8〕《孝經·廣揚名》。
〔註9〕《馬克思恩格斯選集》（第二卷），北京：人民出版社，1972 年，第 2 頁。

果。作者用功甚勤，在其研究中不僅使用了大量新出土的墓誌資料，並結合正史以及其他傳世文獻，考鏡源流，對中古時期范陽盧氏的家族譜系進行了詳細地考證與梳理，多補正史之缺；對范陽盧氏家族的仕宦婚姻、宗教信仰、家學傳承以及門風的形成進行了詳細考察與分析；從社會史的視角，以范陽盧氏爲個案，著重分析了世家大族與中古社會的互動關係，進而探討中古社會變遷的若干問題，對范陽盧氏家族在中古時期政治、經濟、社會、民族、宗教等因素影響下世家大族的盛衰景象進行了分析與論證。並將本書使用的范陽盧氏墓誌材料附於文後，以便於研究者研究與參考。今此書得以付梓，甚爲高興。略書己見，是以爲序。

王洪軍

2014 年 4 月 11 日凌晨

目

次

第一章　緒　論

　　家族是傳統中國社會的基本社會組織，中國文化中家族觀念十分強烈，《尚書‧堯典》曰：「克明俊德，以親九族；九族既睦，平章百姓；百姓昭明，協和萬邦。」《禮記‧大傳》云：「人道，親親也。親親故尊祖，尊祖故敬宗，敬宗故收族，收族故宗廟嚴，宗廟嚴故重社稷。」在血緣親情關係基礎上構築的親親尊尊之道是家族組織的思想基礎，以嫡長子繼承制爲核心的宗法制度是家族傳統得以延續的制度保障，更爲重要的是在宗法制下，家族與國家緊密聯繫在一起。如日本東京大學教授尾形勇所言：「在探討古代帝國國家秩序的特徵時，撇開『家』的存在以及支撐著這個『家』的『家族主義』的問題，是無從談起的。即使從儒家思想來看，其政治思想的本質是力圖把『家』內的秩序形態廣泛地擴大到整個國家秩序中，以實現『治國平天下』的理想。如果注意到這種有力的理論的存在，即可得知，儒家思想有效地發揮了作用的當時國家秩序，正是家族秩序直接擴大、應用於其中的」〔註1〕，家是國的縮小，國是家的放大，整個國家就是一個大家族，家國一體、家天下是中國傳統文化的鮮明特色，家族主義的傳統塑造了中華民族的整體價值觀和思維方式，一直影響著中國人的政治模式、經濟行爲、文化禮儀、思維方式等社會生活和人倫日用的各個方面。斯大林說：「每一個民族，不論其大小，都有它自己的，只屬於它而爲其它民族所沒有的本質上的特點、特殊性。」〔註2〕中華民族的這個「特點、特殊性」就體現在家族文化上，可以毫不誇張地說，

〔註1〕　〔日〕尾形勇著，張鶴泉譯：《中國古代的「家」與國家》，中華書局，2010年1月版。

〔註2〕　斯大林：《馬克思主義與民族、殖民地問題》，人民出版社，1953年，第381頁。

不瞭解家族，就無法瞭解中國文化。家族是解讀中國社會和中國文化的一把鑰匙。因此，家族史研究有著非同尋常的意義。

一、問題的提出

中古時期〔註3〕的世家大族是從兩漢地方豪族轉化而來。漢代地主通過大量兼併土地和役使佃農、奴婢、部曲，將土地和人員作有組織的安排，從而使單個家族形成了一個集生產與消費爲一體的豪族自然經濟體。這種地方豪族經濟實力雄厚，成爲居於國家政權與普通農民之間的一個地方勢力階層，東漢政權便是在這種豪族支持下得以建立。毛漢光先生將國家政權描述爲政治力，將地方豪族描述爲社會勢力，國家政權爲了增強其統治基礎，必須廣泛吸收社會精英勢力參與政權，因此地方勢力通過接受教育、讀儒家經書的辦法，將其子弟培養成士大夫，進而進入政權做官，這樣就使得地方豪族士大夫化，士大夫階層家族化，地方豪族也就逐漸形成了士族〔註4〕，所以士族階層的形成是政治力與社會勢力相互融合的結果。蒙思明也通過豪族在經濟上的富庶、佔有依附人口，任子制度世襲官職，舉薦門生故吏，憑藉家傳學問做官等方面來揭示世族的發育過程〔註5〕，陳明描述士族形成的軌跡爲「士（普通讀書士子或地主豪強子弟的學者）──士大夫（官僚）──士族（儒宗地主或莊園主）」〔註6〕，並指出士族是集三種社會角色於一身的社會單位。所以，世家大族是脫胎於兩漢地方豪族而形成的。

〔註3〕 本書所謂「中古」特指東漢獻帝建安元年（196）至唐哀帝天祐四年（907）這700多年的時段，與毛漢光先生所取時段基本一致，筆者十分贊同他如此選取的理由：「一、漢魏之際是一個變革期，許多人物在這段時期升降，唐末五代又是一個變革期，既存的門第在這時期消融；二、如果將這七百年分爲二十七個代，則士族自漢魏上昇以來，在統治階層皆占百分之五十以上，至後唐時才降至百分之五十以下，士族不僅在社會中居主導地位，在政治方面亦占各期高級官吏之絕對優勢，在這個意義之下這七個世紀屬於同一個社會架構，朝代之更替似乎是換湯不換藥，因此社會史的分期並不等於朝代之更替，以同一個社會架構作爲研究社會史的大段落，則有其基本上的共同性。」見毛漢光：《中國中古社會史論‧序》，上海書店出版社，2002年12月版，第5頁。

〔註4〕 毛漢光先生對地方豪族士族化的過程給予了詳細的論證，詳見毛漢光：《中國中古社會史論》，上海書店出版社，2002年12月版，第78～86頁。

〔註5〕 見蒙思明：《魏晉南北朝的社會》，上海人民出版社，2007年4月版，第10～29頁。

〔註6〕 陳明：《儒學的歷史文化功能──士族：特殊形態的知識分子研究》，學林出版社，1997年1月版，第83頁。

　　魏晉南北朝時期，世家大族獲得較大發展的空間，一方面由於這一時期中國長期呈現分裂局面，從三國鼎立到南北對峙，五胡亂華後，世家大族中一部分舉族南遷，而北方十六國少數民族政權紛紛建立，社會動盪，戰亂頻仍，地方勢力便結盟自保，以應對胡人侵略和社會動亂。另一方面九品中正制也給世家大族長期延續其政治經濟地位提供了制度保障。「其時高門大族，門戶已成，令、僕、三司，可安流平進，不屑竭智盡心，以邀恩寵；且風流相尚，罕以物務關懷，人主遂不能藉以集事。」〔註7〕再加上其自身累世家學傳承的文化優勢，造就了其社會門第地位，如趙翼評論說「門第之見習爲固然，雖帝王不能改易也」，「高門大族者，不過雍容令僕，群屐相高……與時推遷，爲興朝佐命，以自保其家世，雖朝市革易，而我之門第如故，以是爲世家大族」〔註8〕。魏晉南北朝時期政權頻繁更迭，而世家大族卻數百年延續，這不能不說是一個值得研究的奇特現象。這一時期還興起了一門專門的學問叫譜學，專門記載自己家族的世系和歷史。據唐代譜牒學家柳芳記載，當時的世家大族主要有：「過江則爲『僑姓』，王、謝、袁、蕭爲大；東南則爲『吳姓』，朱、張、顧、陸爲大；山東則爲『郡姓』，王、崔、盧、李、鄭爲大；關中亦號『郡姓』，韋、裴、柳、薛、楊、杜首之；代北則爲『虜姓』，元、長孫、宇文、于、陸、源、竇首之。」〔註9〕

　　世家大族一般是政治、經濟、文化三位一體的，政治上世代爲官，經濟上佔有大片土地，並且擁有地主莊園和手工業，文化上累世傳授經學，「人們可以將一個階級中最有權力的（或最有特權或聲望的）那部分人稱作該階級的精英」〔註10〕，世家大族堪稱當時社會的精英階層，社會學家格爾哈斯·倫斯基認爲「土地所有權和公共官職是執政階級收入的兩個主要來源……一般說來，土地所有權和公共官職分離後，土地所有權的主要價值在於獲得聲譽和經濟保障，而公共官職是用來達到政治和經濟地位的陞遷」〔註11〕。格

〔註7〕　〔清〕趙翼著，王樹民校證：《廿二史札記校證》，中華書局，1984年1月版，第173頁。

〔註8〕　〔清〕趙翼著，王樹民校證：《廿二史札記校證》，中華書局，1984年1月版，第254頁。

〔註9〕　《新唐書》卷一九九《柳沖傳》。

〔註10〕　〔美〕格爾哈斯·倫斯基著，關信平、陳宗顯、謝晉宇譯，吳忠校：《權力與特權：社會分層的理論》，浙江人民出版社，1988年6月，第99頁。

〔註11〕　〔美〕格爾哈斯·倫斯基著，關信平、陳宗顯、謝晉宇譯，吳忠校：《權力與特權：社會分層的理論》，浙江人民出版社，1988年6月，第251～252頁。

爾哈斯·倫斯基將聲望理解爲「權力和特權的一個函數」〔註12〕，權力和特權的分配也同時決定了聲望或榮譽的分配。這三個方面相互關聯、相互配合，共同維持著世家大族的繁榮，無疑，世家大族成爲當時社會上一個佔有較多社會資源和智力資源的階層。

美國史家伊沛霞稱中古時期的世家大族爲貴族家庭（aristocratic families），認爲這是一個非同尋常的上層階級（upper class），「構成這個階層的成員在國家的社會生活、學術領域和經濟活動中佔有至高地位，同時在政府機關中擔任職務。這個上層階級的許多成員在躋身官僚機構作爲政府官員並被委派管理大帝國行政事務的過程中，其政治態度和價值取向被塑造定型」，並且伊沛霞認爲這個上層階級的顯著標誌是「佔有大量財富、保持固定的生活方式、維繫傳統的社會價值觀以及謀取政治權力；依託家族、郡望或恩賜的非官僚體制紐帶在社會經歷和政治生活中極爲重要」〔註13〕，伊沛霞強調貴族家庭所賴以維持地位的不僅是政治權力，而非官僚體制因素也很重要。

世家大族不僅在仕宦、婚姻、經濟實力、社會聲望等方面相互配合，而且其郡望與仕宦任職地點之間也有互動關係，一般郡望所在地爲鄉村，而仕宦地點爲城市（中央或地方的行政中心）。艾伯華也稱呼中古時期的世家大族爲貴族家庭（gentry families）〔註14〕，認爲 gentry families 通常是擴大了的家庭或者以某個核心家庭爲中心延續上千年。艾伯華還提出了一個灼見即世家大族的「城鄉互動系統」，艾氏在其名著《征服者與統治者：中古中國的社會勢力》一書中寫道：「如果接下來我們要給中國中古的貴族家庭設定一個理想的模式，那麼要始終牢記我們所描述的這個貴族階層是由家庭組成的，而不是通過個人能力和努力獲得地位的個人組成的。貴族家庭通常有一個鄉里家（country-seat），同時又有一個城市家（city-house）。鄉里家擁有家族的財產，這裡有一部分家族成員經營管理這些財產，比如向佃農收取租物，鄉里家是整個家族經濟的支柱。一旦積累有足夠資金，就會聘請教書先生給家族子弟

〔註12〕 〔美〕格爾哈斯·倫斯基著，關信平、陳宗顯、謝晉宇譯，吳忠校：《權力與特權：社會分層的理論》，浙江人民出版社，1988 年 6 月，第 448 頁。

〔註13〕 〔美〕伊沛霞著，范兆飛譯：《早期中華帝國的貴族家庭：博陵崔氏個案研究》，上海古籍出版社，2011 年版，第 1 頁。

〔註14〕 Wolfram Eberhard: *Conguerors and Rulers: Social Forces In Medieval China*, Leiden E.J.Brill, Netherlands, 1965.

教授學問，使之成爲士大夫。」〔註15〕而「受教育的家族成員則遷入城市居住，他們在城市過著一種較爲安逸的生活，可以專心地去當詩人、畫家、學者、哲學家，因爲他們有鄉里家所提供的堅固的物質經濟基礎」，城市裏的家族成員主要的活動是政治，就是獲取仕宦的成功，然後保障其家族利益。「如果城市這一集團在中央權力鬥爭中失利，這些家族的鄉村宗支總能維持存續，政權的轉移很少能夠同時影響到城市及鄉村兩個宗支。只要城市宗支仕宦成功，就能保護保障鄉村宗支的利益」〔註16〕。此外，艾伯華也十分注重貴族家庭的思想文化因素，他寫道「貴族家庭以儒家經典裏的行爲規範爲自身的行爲規範，這套被稱爲儒家思想的倫理規範使他們在行爲、語言、舉止體態、道德等方面區別於庶族和平民階層而形成一個相對封閉的上層貴族社會」〔註17〕。

　　世家大族都是文化世家，世代傳習某一種或某幾種學問，比如范陽盧氏是儒學世家，尤其精於三禮之學和書法藝術，爲當時學術文化領域之翹楚，而且越到後來世家大族面對打壓和面臨危機時越顯示出其文化優勢的重要性。格爾哈斯·倫斯基在其著作中寫道「在農業社會有文化的人佔少數是一個通例」，「正如一個歷史學家所說『存在一個高等的智力傳統』，這包括對印刷品的絕對信任，對哲學和文學的偉大著作、對榮譽和禮儀標準以及其他所有屬於有文化的少數人的東西的信仰。另一個方面卻是『平民的低等的智力傳統』，它以農業技術的實際問題和原始迷信爲內容，以對世界的狹隘的眼光爲特徵」〔註18〕。更爲重要的是世家大族將自身傳習的儒家經學從思想轉換爲形式，從哲學轉換爲倫理，從文本轉換爲禮儀規範，將體現仁義、孝悌、忠信等內容的儒家倫理沉澱爲人倫日用的生活方式，從而構成家族的禮法門風，這種優雅的門風爲全社會所推崇倣仿，這就形成了家族的聲望。不過格爾哈斯·倫斯基所言「與有文化的少數和無文化的多數之間的文化分化相併行的是將城市少數和鄉村多數分開的第二種分化。這兩種類型的社會的生活

〔註15〕Wolfram Eberhard: *Conguerors and Rulers: Social Forces In Medieval China*, Leiden E.J.Brill, Netherlands, 1965, P44.

〔註16〕Wolfram Eberhard: *Conguerors and Rulers: Social Forces In Medieval China*, Leiden E.J.Brill, Netherlands, 1965, P45～46.

〔註17〕Wolfram Eberhard：: *Conguerors and Rulers: Social Forces In Medieval China*, Leiden E.J.Brill, Netherlands, 1965，P44～45.

〔註18〕〔美〕格爾哈斯·倫斯基著，關信平、陳宗顯、謝晉宇譯，吳忠校：《權力與特權：社會分層的理論》，浙江人民出版社，1988年6月，第233頁。

方式如此不同，以致在一種典型社會成長起來的人在突然遇到另一種社會中哪怕是最普通的問題時也會顯得十分愚蠢。這使得關於不能適應城市生活的鄉巴佬，和在鄉村顯得遲鈍的城市傻瓜的笑話越來越多」〔註19〕，並不太符合中國中古社會現實，一是中國中古社會城市和鄉村並非二元對立，世家大族在鄉里都有田宅和房屋，不在朝做官時都在鄉下生活；二是普通庶民對世家大族的禮法門風並不排斥，反而以之爲尚，竭力倣仿。

上揭各種精彩論述都觸及到了中古世家大族存在的深層問題，但我們還是會產生這樣的疑問，作爲根基如此深厚的精英階層，在中古時期動亂年代與各個政權是什麼樣的關係？爲何割據與戰爭足以摧毀王朝與政權，卻無法對世家大族階層造成絲毫衝擊，反而每個政權都要伸出橄欖枝與其合作？其城市與鄉里彼此呼應配合到底是怎樣的？中古後期士族中央化後，士族果真就沒有鄉里基礎了嗎？進入唐代統一帝國以後，科舉制度已然推行，而且唐初統治者打壓山東士族，這時世家大族在新的歷史環境下發生了哪些變化？科舉制究竟是摧毀了世家大族還是爲其提供了新的歷史機遇？世家大族又是通過什麼來繼續維持其家族聲望的？對這些問題，我們仍有進一步探索的必要。

關於士族、宗族、門閥、世族、世家大族、高門、豪族等容易混淆和界限模糊的概念，已有不少學者進行探討釐定〔註20〕，筆者無需贅論，但基本認爲士族由兩漢豪族發展而來，但士族也有大小高下之分，世家大族特指士族階層中經濟、政治、文化實力較強的一流頂層士族，大概可以專指柳芳所謂山東郡姓、關中郡姓、江東僑姓、東南吳姓、代北虜姓，凡五類二十六族。其中，山東郡姓又以其歷史悠久、文化傳統深厚、婚姻標準嚴格而最爲著稱。而在山東五姓七族中，又以清河崔氏、范陽盧氏門第聲望最爲著稱。如清河崔悛「每以籍地自矜」，謂盧元明曰：「天下盛門唯我與爾，博崔、趙李何事者哉！」〔註21〕

〔註19〕〔美〕格爾哈斯·倫斯基著，關信平、陳宗顯、謝晉宇譯，吳忠校：《權力與特權：社會分層的理論》，浙江人民出版社，1988年6月，第234頁。

〔註20〕分別見徐揚傑：《中國家族制度史》第一章緒論，人民出版社，1992年7月版，第1～5頁。李卿：《秦漢魏晉南北朝時期家族、宗族關係研究》緒論第三節《家族、宗族基本概念的界定》，上海人民出版社，2005年版，第15～42頁。馮爾康等著《中國宗族史》緒論第二節《宗族定義和宗族史研究對象》，上海人民出版社，2009年2月版，第14～17頁。仇鹿鳴：《魏晉之際的政治權力與家族網絡》緒論第三節《士族及其相關概念的省思》，上海古籍出版社，2012年版，第31～35頁。

〔註21〕《北齊書》卷二三《崔悛傳》。《北史》卷二四《崔悛傳》。

既然如此，那麼本文就選取這聲望最為高、門第最高的范陽盧氏作為個案進行研究，通過范陽盧氏家族來看中古時期世家大族的真實圖景。

二、學術史回顧

　　家族問題對於中國歷史與中國文化如此重要，必定引起歷代學者的重視。事實上，這項課題的研究早在上古時期就已經開始了。古代的家族史研究主要集中在對西周宗法制度的研究上，《禮記・喪服小記》、《儀禮・喪服》都有論述。北宋理學家張載寫作了《經學理窟・宗法》篇，這是歷史上第一篇專門研究宗法制度的論文，首次對宗法制度作了全面的解釋。清代，研究宗法制度的有毛奇齡的《大小宗通釋》、萬斯大的《宗法論》、程瑤田的《宗法小記》、侯度的《宗法考》、馮桂芬的《宗法》等，他們大都是用考據的方法進行研究的，《禮記》、《儀禮》中的幾段話經過他們的考釋，顯得更加豐富圓滿〔註22〕。但是清代考據者的弱點是只能就文獻解釋文獻，不能把文獻放到當時的歷史條件下進行多角度的科學分析，所以他們的研究只是一些繁瑣考證的苦勞，而在概念上、理論上卻毫無突破。

　　進入二十世紀以後，隨著新史學的興起，新的歷史理論和史學方法開始應用在史學實踐中，唯物史觀、文化人類學和社會學的理論與方法在家族史的研究中得到運用。早在上個世紀20年代末，呂思勉率先對中國歷史上的家族問題進行開創性得研究，寫作了《中國宗族制度小史》〔註23〕，該書篇幅不大，但卻是我國第一部關於家族的專門著作，呂先生從原始社會人類群居時代開始講起，談到姓氏的產生，宗與族的關係，宗法的產生，譜牒的源流，還研究了漢代以降累世同居、析居問題以及立嗣意圖的前後變化等重要問題。關於家族、宗族史研究的主要問題基本上都有涉及，可惜的是該書只是提綱挈領，沒有展開論述。後來，呂先生為了彌補這個缺憾，在其斷代史著作《先秦史》、《秦漢史》、《魏晉南北朝史》、《隋唐五代史》〔註24〕中設有「社會組織」專章、「族制」

〔註22〕徐揚傑：《中國家族制度史》，人民出版社，1992年7月，第13頁。
〔註23〕《中國宗族制度小史》於1929年由上海中山書局出版單行本。1936年4月，上海龍虎書局將該書與《中國國體制度小史》、《中國政體制度小史》、《中國階級制度小史》、《中國婚姻制度小史》這五種小史增訂為合訂本，改稱為《史學叢書》出版。1985年，由上海教育出版社收錄入《中國制度史》出版。後收入呂思勉文集之《中國社會史》，上海古籍出版社，2007年11月版。
〔註24〕上海古籍出版社，1983年版。

專節，對《中國宗族制度小史》中未及展開的部分深入探討。1934年出版的陶希聖的《婚姻與家族》〔註25〕，從西周春秋時期的宗法制度講起，涉及戰國至五代的「大家族制」，最後講到「近三十年」家族制度的解體，提出了農民的宗族、豪商地主家族、士族家族等概念，討論了宗法制度、家族的範圍與族居問題。鄧之誠的《中華二千年史》〔註26〕也設立了專題對家族制度給予關注，不過引人注意的是鄧氏在宋代以後不設家族專題，說明鄧氏認爲唐宋之際隨著世家大族的衰落，中國家族制度也隨之終結。1944年高達觀的《中國家族社會之演變》〔註27〕出版，該書首先探討了「家族社會之特性」，認爲中國家族社會的特性就在於它的宗法精神，包括孝、悌、貞、順，同居共財，尊嫡立嗣，尊卑男女名分，家長權威以及家族儀式。家族的規模可以包括「九族」，家族儀式包括冠、婚、喪、祭等等。高氏選取了西周、宋代、清末三個時期進行分析，探討中國家族社會的演變過程，將中國家族制度的演變分成三個階段：始於周代的宗法家族社會，始於宋代的宗族家族社會，始於清季的家族社會，認爲周代是中國式家族社會之創制與興盛時期，宋代是中國式家族社會之中衰與復興時期，即家族制度由純貴族支配演變爲民眾化、普遍化的家族制度時期，清代則爲中國式家族社會的衰落與崩潰時期。而唐代則處於宗法家族社會「破碎支離不可收拾」之時，亦即宗族式家族社會行將興起之時。瞿同祖的《中國法律與中國社會》〔註28〕被公認爲有分量的法律史專著，但由於法律與家族宗法的密切關係，作者特別開設家族和婚姻兩章，對家族和婚姻形態給予了關注，是一部從法律角度研究社會的專著。全書分六章，第一章就是家族，第一節家族範圍，第二節父權，第三節刑法與家族主義，第四節血屬復仇，第五節行政法與家族主義。關於家族與家、關於累世同居的大家庭，作者都提出了自己的觀點。另有蒙思明研究魏晉南北朝世族問題的遺著《魏晉南北朝的社會》，該書稿寫作於上個世紀40年代，蒙氏認爲「如果中國通史要用統治集團的階級性來分段落的話，無疑的，魏晉南北朝應當叫做世族統治時代。世族是這個時段的決定因素。不明瞭這一時段世族階級的存在及其重要地位，是不能明瞭這一時段的歷史的，是不能對這一時段的政治制度、經濟結構、社會風向得到正確理解的」，

〔註25〕商務印書館，1934年。
〔註26〕商務印書館，1934年。
〔註27〕正中書局，1944年。
〔註28〕商務印書館，1947年。

氏著以世族之興起與衰落爲主幹，考察了世族階級支配下的政治、世族壟斷下的經濟、世族影響下的風尙，蒙氏經過研究「頗覺以世族問題爲中心，則一切問題皆有迎刃而解之勢」〔註29〕。

　　馬克思主義傳入中國後，中國學者開始有意識地以馬克思主義爲指導研究中國的家族問題。郭沫若在《中國古代社會研究》〔註30〕一書中，在全面探討先秦社會制度外，還特別重點研究了當時的家庭和家族問題。呂振羽的《史前期中國社會研究》〔註31〕系統闡釋了中國原始婚姻和家庭的發展過程，也詳盡介紹了父家長制家族制度的產生過程。

　　新中國成立後的前30年，家族史的研究幾乎是空白的。

　　二十世紀80年代以後，學術研究的禁區被打破，史學界重新煥發出勃勃生機，家族史開始引起人們的重視。這一時期對於門閥士族的研究也成爲熱點，如唐長孺先生的《魏晉南北朝史論拾遺》〔註32〕收入的論文談到了士族的形成和升降等問題；田餘慶先生的經典之作《東晉門閥政治》〔註33〕指出門閥政治是皇權政治在特殊歷史條件下的一種變態，是皇權與士族權力的某種平衡，田先生同時認爲嚴格的門閥政治只存在於東晉一朝，而不是像很多學者認爲的門閥士族持續了數個世紀之久。同時也有一批論文開始接觸家族和宗族方面的研究，如魏承思的《唐代宗族制度考述》〔註34〕，主要探討了唐代祠堂、族田、族規、宗譜等問題。

　　家族史研究眞正活躍起來是在二十世紀90年代，系統的家族史著作出版，最有代表性的有三部：徐揚傑的《中國家族制度史》〔註35〕、馮爾康等合著的《中國宗族社會》〔註36〕、常建華的《宗族志》〔註37〕等。

　　徐揚傑《中國家族制度史》是一部篇幅較大的中國家族通史專著。作者認爲，中國的家族制度產生於原始社會末期，至二十世紀50年代初徹底消滅，

〔註29〕見蒙思明：《魏晉南北朝的社會》，上海人民出版社，2007年4月版，第1～2頁。
〔註30〕現代書局，1931年。
〔註31〕北平人文書店，1934年。
〔註32〕中華書局，1983年。
〔註33〕北京大學出版社，1987年。
〔註34〕載《史林》，1987年第3期。
〔註35〕人民出版社，1992年。
〔註36〕浙江人民出版社，1994年。
〔註37〕上海人民出版社，1998年。

共經歷了先後承繼、遞相蟬聯的四種不同形式，包括原始社會末期的父家長制家族、殷周時期的宗法式家族、魏晉至唐代的世家大族式家族、宋以後的近代封建家族。世家大族式的家族組織是在東漢末年到魏晉時期逐漸形成的，其形成與發展從根本上說是與魏晉至隋唐時期的經濟、政治特點相適應的，即地主莊園制的發展和自然經濟的再次強化，爲世家大族式家族產生的經濟根源，而世家大族完全控制了從中央到地方的各級政權，門閥士族政治形成，則爲世家大族式家族統治的政治基礎。魏晉至隋唐的世家大族式家族組織在形態結構方面有四個特點：第一，作爲經濟實體的地主莊園。第二，它往往又是家族自衛的武裝塢堡。第三，它往往是家族遷徙流亡的共同體。第四，家族組織內部有一定的組織制度和增進族人團聚的家族活動。

馮爾康等合著的《中國宗族社會》也是一部中國宗族通史著作。該書將中國宗族發展史劃分成五個階段：先秦典型宗族制，漢唐世族、士族宗族制，宋元官僚宗族制，明清縉紳宗族制，近現代宗族變異時代。認爲東漢時期是士族社會和士族宗族制度的萌發準備階段，魏晉是士族社會和士族宗族制度的形成和鼎盛時期，南北朝是士族社會和士族宗族制度由盛開始走下坡路的時代，隋唐則是士族社會和士族宗族制度的衰亡時期。馮先生認爲，作爲社會群體，士族是凝聚力最強的宗族群體，宗族制度也在士族宗族中最爲發展。士族社會矛盾是中古歷史發展變化的動因。士族的社會矛盾表現爲士族門第間的矛盾，不同區域間士族集團的門戶之爭，士族與庶族的矛盾，新士族與舊士族間的矛盾，士族與進士階層的矛盾，士族成爲社會矛盾的焦點，這種士族的政治力量在與皇權力量此消彼長的互動過程中，影響著社會政治格局的變化。馮先生認爲士族對社會各個層面影響深遠，門第婚、文化壟斷與儒學門風是士族的重要特色，也是中古等級社會中的士族區別於以往貴族的一個重要標誌。馮先生從唐朝統治者對士族的打壓、士族與庶族的消長、科舉制的衝擊以及戰亂的清洗等方面論述士族的消亡過程。

常建華《宗族志》，本是《中華文化通志》中《制度文化典》中的一卷。全書分七章。第一章體例似「史」，對我國宗族制度的演變進行概述。後六章體例爲「志」，分敘祖先祭祀與家廟、祠堂，宗族結構與組織，族譜、族產、族學、族規。作者認爲，商周、春秋戰國時期爲世族世官宗族制，宗族制與貴族制及政治制度合一；秦至五代十國爲士族宗族制，士族宗族在社會結構中佔據中心地位；宋元明清爲科舉制下的祠堂宗族制，通過祭祖及建祠堂、選族長、修族譜、設族田、建族學使宗族制度組織化，其歷史發展趨勢是在

民間社會普遍化、自治化，宗族制度既與國家政權分離，又與國家政權存在互動關係。就秦漢至隋唐五代士族宗族制而言，作者認爲秦漢時期是士族宗族制興起時期，魏晉南北朝時期是士族宗族強盛時期，隋唐五代是士庶之間界限縮小以至士族崩潰時期。

上世紀 90 年代以來，斷代家族史、區域家族史、專題家族史研究方面也湧現出了大量成果，如方北辰《魏晉南朝江東世家大族述論》〔註 38〕、陳支平《近 500 年來福建的家族社會與文化》〔註 39〕、鄭振滿《明清福建家族組織與社會變遷》〔註 40〕、蘇紹興《兩晉南朝的士族》〔註 41〕、錢杭《中國宗族制度新探》〔註 42〕、徐揚傑《宋明家族制度史論》〔註 43〕、吳仁安《明清時期上海地區的著姓望族》〔註 44〕、陳明《儒學的歷史文化功能——士族：特殊形態的知識分子研究》〔註 45〕、楊際平、郭鋒、張和平著《五——十世紀敦煌的家庭與家族關係》〔註 46〕、陳爽《世家大族與北朝政治》〔註 47〕、費成康《中國的家法族規》〔註 48〕、徐揚傑《家族制度與前期封建社會》〔註 49〕，史鳳儀《中國古代的家族與身份》〔註 50〕、麻國慶《家與中國社會結構》〔註 51〕、劉馳《六朝士族探析》〔註 52〕、王善軍的《宋代宗族和宗族制度研究》〔註 53〕、錢杭《血緣與地緣之間：中國歷史上的聯宗與聯宗組織》〔註 54〕、毛漢光《中國中古社會史論》〔註 55〕、王永平《六朝江東世族之家風家學研

〔註 38〕 臺灣文津出版社，1991 年。
〔註 39〕 三聯書店上海分店，1991 年。
〔註 40〕 湖南教育出版社，1992 年。
〔註 41〕 臺北聯經出版社，1993 年。
〔註 42〕 香港中華書局有限公司，1994 年。
〔註 43〕 中華書局，1995 年。
〔註 44〕 上海人民出版社，1997 年。
〔註 45〕 學林出版社，1997 年。後更名爲《儒學的歷史文化功能：以中古士族現象爲個案》，由中國社會科學出版社 2005 年出版。
〔註 46〕 嶽麓書社，1997 年。
〔註 47〕 中國社會科學出版社，1998 年。
〔註 48〕 上海社會科學院出版社，1998 年。
〔註 49〕 湖北人民出版社，1999 年。
〔註 50〕 社會科學文獻出版社，1999 年。
〔註 51〕 文物出版社，1999 年。
〔註 52〕 中國廣播電視大學出版社，2000 年。
〔註 53〕 河北教育出版社，2000 年。
〔註 54〕 上海社會科學院出版社，2001 年 12 月版。
〔註 55〕 世紀出版集團上海書店出版社，2002 年。

究》〔註56〕、吳正嵐《六朝江東士族的家學門風》〔註57〕、楊知勇《家族主義與中國文化》〔註58〕、韓樹峰《南北朝時期淮漢迤北的邊境豪族》〔註59〕、柏貴喜《四～六世紀內遷胡人家族制度研究》〔註60〕、朱鳳瀚《商周家族形態研究》〔註61〕、李卿《秦漢魏晉南北朝家族、宗族關係研究》〔註62〕、閻愛民《漢晉家族研究》〔註63〕、尹建東《兩漢魏晉南北朝時期關東豪族研究》〔註64〕、仇鹿鳴《魏晉之際的政治權力與家族網絡》〔註65〕等等。

　　國外的中國家族史研究，日本起步較早，取得的成就也很突出。從二十世紀40年代起，日本學者就非常關注中國的家族制度。就筆者目力所及，日本學者出版的較有影響的著作有加藤常賢的《中國古代家族制度研究》〔註66〕、清水盛光的《中國家族的構造》〔註67〕、牧野巽的《中國家族研究》〔註68〕和《近世中國宗族研究》〔註69〕、竹田龍兒的文章《關於唐代士族的家法》〔註70〕、守屋美都雄著《中國古代的家族和國家》〔註71〕和《六朝門閥の研究——太原王氏系譜考》〔註72〕、森岡清美《家族社會學》〔註73〕，谷田孝之《中國古代家族制度論考》〔註74〕、滋賀秀三著《中國家族法原理》〔註75〕、

〔註56〕 江蘇古籍出版社，2003年。
〔註57〕 南京大學出版社，2003年11月版。
〔註58〕 雲南大學出版社，2000年。
〔註59〕 社會科學文獻出版社，2003年。
〔註60〕 民族出版社，2003年。
〔註61〕 天津古籍出版社，2004年版。
〔註62〕 上海人民出版社，2005年。
〔註63〕 上海人民出版社，2005年2月。
〔註64〕 四川大學出版社，2007年4月。
〔註65〕 上海古籍出版社，2012年。
〔註66〕 岩波書店，1940年9月。
〔註67〕 岩波書店，1942年。
〔註68〕 生活社，1944年。
〔註69〕 日光書院，1944年。
〔註70〕 載《史學》28卷1號，1955年，第84～105頁。
〔註71〕 日本出版協同株式會社，1963年。後有錢杭、楊曉芬譯本：《中國古代的家族和國家》，上海古籍出版社，2010年3月版。
〔註72〕 〔日〕守屋美都雄著：《六朝門閥の研究——太原王氏系譜考》，《法制史研究》4，東京：日本出版協同株式會社，1951年。
〔註73〕 東京有斐閣，1983年。
〔註74〕 東海大學出版會，1989年10月。
〔註75〕 該書由張建國、李力譯：《中國家族法原理》，北京：法律出版社，2003年。

大澤正昭《唐宋時代的家族、婚姻、女性》〔註 76〕、藤井勝著《家和同族的歷史社會學》〔註 77〕等等。還有仁井田陞等學者從法律或儀禮角度研究我國家族史。特別是谷川道雄、川勝義雄等人在二十世紀 70 年代提出了「家族共同體」的理論，被介紹到中國後產生了很大影響。美國學者伊沛霞（Ebrey, Patricia Buckley）〔註 78〕和英國學者莫里斯‧弗利德曼（Maurice Freedman）〔註 79〕等人在中國家族史領域也有重要研究成果。國外學者站在域外他者的立場對於中國家族史的研究和探討，會帶給我們啓示。

　　近年來，家族史研究中學者們熱衷於多角度的探討，研究地方大族、區域家族關係的論著增多，研究內容也更加細化，由歷時性的簡單的家族興衰史過渡到分郡望、分房支的專題考察，包括郡望堂號、譜牒世系、仕宦特點、族產經濟、婚姻狀況、家族教育、家族文學、家學門風、家廟祭祀與禮儀等方面都成爲考察重點，研究理論和方法也更加多樣化，更重視社會史方面的內容，家族史的研究日益呈現出多學科交叉的綜合性研究趨勢。大量墓誌碑刻材料的出土，爲家族史研究注入了新的活力。相關論文如雨後春筍，不一一贅述，請參考相關的學術綜述。〔註 80〕

　　目前，家族史研究逐漸形成了整體研究和個案分析相結合的研究模式。個案研究本來是社會學、人類學的研究方法，但運用在歷史學研究中也發揮了良好效果，因而個案研究也成爲家族史研究中重要的研究方法。日本學者守屋美都雄對太原王氏的個案研究〔註 81〕，應被視爲開風氣之作，從方法論

〔註 76〕明石書店，2005 年。

〔註 77〕該書由王仲濤譯：《家和同族的歷史社會學》，北京：商務印書館，2005 年。

〔註 78〕〔美〕Ebrey, Patricia Buckley: *The Aristocratic Families of Early Imperial China: A Case Study of the Po-ling Tsui Family*, Cambridge University Press, 1978. 該書中譯本見伊沛霞著，范兆飛譯：《早期中華帝國的貴族家庭：博陵崔氏個案研究》，上海古籍出版社，2011 年版。

〔註 79〕〔英〕Maurice Freedman: *Lineage Organization in Southeastern China*, Athlone, London, 1958.該書中譯本見莫里斯‧弗利德曼著，劉曉春譯：《中國東南的宗族組織》，上海人民出版社，2000 年版。

〔註 80〕常建華：《二十世紀的中國宗族研究》，見《歷史研究》1999 年第 4 期；陳爽：《近 20 年中國大陸地區六朝士族研究概觀》，〔日〕《中國史學》第 11 卷，2001 年 10 月；陳爽：《近年來有關家族問題的社會史研究》，見《光明日報》1998 年 10 月 24 日；容建新：《80 年代以來魏晉南北朝大族個案研究綜述》，見《中國史研究動態》1996 年第 4 期。

〔註 81〕〔日〕守屋美都雄著：《六朝門閥の研究——太原王氏系譜考》，《法制史研究》4，東京：日本出版協同株式會社，1951 年。

上爲後來的家族史個案研究提供了範例。後來，陳寅恪關隴集團理論和日本學者內藤湖南關於中國中古史分期理論以及唐宋變革論等產生的影響及爭論，成爲了許多學者進行個案研究的動力之一。英國學者杜希德（D.Twichett）的論文《唐代統治階級的構成》和魏侯瑋（H.J.Wechsler）的論文《唐代早期政府中的宗派集團》〔註 82〕通過對貴族大姓和社會階層的分析，均對陳寅恪的「關隴集團」說提出了辯駁。日本學者矢野主稅對中古大姓進行了一系列研究，相繼寫作了《張氏研究》〔註 83〕、《鄭氏研究》〔註 84〕、《韋氏研究》〔註85〕、《裴氏研究》〔註 86〕。竹田龔兒《弘農楊氏研究》〔註 87〕一文研究了弘農楊氏的家族興衰，池田溫《八世紀初葉的敦煌士族》〔註 88〕通過分析譜牒和文書材料，對敦煌地區的幾個大姓分佈及其與政治的關係做了研究。

其後，在家族史個案研究方面海外湧現出了幾部典型著作，如姜士彬（D.Johnson）著《中世紀中國的寡頭政治》〔註 89〕通過正史列傳、敦煌氏族志和金石資料說明中世紀中國是貴族社會和官僚社會的獨特的結合，佔據金字塔結構上層的既不是傳統意義上的士大夫，也不同於後世獲取功名的紳士，他們是眞正的貴族。門第和官職非貴族莫屬，但權力最終來自於在政府任職，而非來自血統、家族、門第。貴族是金字塔結構裏最接近頂端的部分，如果沒有這樣一小批人，就談不上中國有中世紀時代。姜士彬研究了漢代至唐代朝廷高級官員的組成，他的結論是中國實質上被幾個名門統治著，因此中世紀中國的政治是「寡頭政治」。姜士彬在追尋中世紀貴族沒落的原因時，仍然歸結爲科舉制的衝擊。姜士彬另有一篇長文《一個大姓的末年：晚唐宋初的趙郡李氏》〔註 90〕以趙郡李氏爲個案揭示中世紀貴族的發展歷程，姜士彬從譜牒、官員的名單和遷徙路線各個角度追蹤了李氏自北朝後期至唐末宋初的軌跡，史料表明，經過

〔註82〕 兩文皆收入芮沃壽（Ar.F.Wright）和杜希德（D.Twichett）合編：《唐代透視論文集》，耶魯大學出版社，1973 年。

〔註83〕 日本《長崎大學社會科學論叢》5，1955 年。

〔註84〕 日本《長崎大學社會科學論叢》8～9，1958～1960 年。

〔註85〕 日本《長崎大學社會科學論叢》11～12，1961～1962 年。

〔註86〕 日本《長崎大學社會科學論叢》14，1965 年。

〔註87〕 日本《史學》雜誌 31 卷 1～4 號，1958 年，第 613～643 頁。

〔註88〕 載《東洋史研究》24 卷 3 期，1965 年。

〔註89〕 David G. Johnson. *The Medieval Chinese Oligarchy*. Westview Press, Boulder, Colorada, 1977.

〔註90〕 David G. Johnson.*The Last Years of A Great Clan: The Li Family of Chao Chun in Late T'ang and Early Sung*, Harvard Journal of Asiatic Studies, V37, N1, 1977.

最初的幾個世紀，李氏從地方郡望上升到高級貴族，活動範圍遠遠超越了趙郡故地，但是在老家的基礎卻逐漸衰弱，在趙郡本望已沒有產業和依附農民，也沒有宗廟和家族祠堂等，族人之間的聯繫越來越少，趙郡李氏僅僅是一個名義上的郡望概念和族群紐帶而已。姜士彬認爲中世家大族與宋以後大家族的不同在於世家大族的沒落更多地體現爲心理上的、輿論上的過程，不再擁有原來的社會聲望，依靠朝廷成了惟一出路；而在帝國後期家族的沒落往往表現爲家族成員敗家無能，葬送祖宗基業。姜士彬在此文中表示出這樣的觀點，即科舉制使貴族失去了壟斷世襲官職的特權，但貴族並沒有放棄仕宦，而是通過科舉仍然竭力謀求官職，投靠朝廷，這樣雖然獲得了官職，卻失去鄉里地方的基礎和家族內部的聯繫，因此加速走向衰落。另一位研究中古世家大族卓有成就的美國學者是伊沛霞（Ebrey, Patricia Buckley）。她所著《早期中華帝國的貴族家庭：博陵崔氏個案研究》〔註91〕以博陵崔氏爲個案考察這個家族在自後漢末至唐末整個中古時期的歷史進程，認爲博陵崔氏在漢代生活在博陵老家，有深厚的地方威望，奉行門第婚姻，北魏後期開始離開老家遷徙至河南河北等地，任官職多在地方，到唐朝實行科舉後仍具有優勢地位。伊沛霞不僅看重貴族由當官而帶來的社會聲望，而且注意到貴族的內在修養、生活方式以及舉止禮儀方面的特徵，這無疑是一個重大發明。〔註92〕此外還有葉妙娜的兩篇文章《東晉南朝僑姓士族之婚媾——陳郡謝氏個案研究》〔註93〕和《東晉南朝僑姓高門之仕宦——陳郡謝氏個案研究》〔註94〕。以上這些研究雖然年代較早，但對中古社會的見解深刻，其關於世家大族仕宦之路、家族文化以及衰落原因的探討對筆者有很大啓發。

〔註91〕〔美〕Ebrey, Patricia Buckley: *The Aristocratic Families of Early Imperial China: A Case Study of the Po-ling Tsui Family*, Cambridge University Press, 1978. 該書中譯本見伊沛霞著，范兆飛譯：《早期中華帝國的貴族家庭：博陵崔氏個案研究》，上海古籍出版社，2011 年版。

〔註92〕以上參考胡志宏著《西方中國古代史研究導論》，大象出版社，2002 年。張廣達：《近年西方學者對中國中世紀世家大族的研究》，載《中國史研究動態》，1984 年第 12 期，第 29～31 頁。周一良：《〈博陵崔氏個案研究〉評介》，《中國史研究》1982 年第 1 期。李約翰撰，齊威譯：《英美關於中國中世貴族制研究的成果和課題》，載《中國史研究動態》1984 年第 12 期。金應熙、郞雲濤：《國外對六朝世族的研究述評》，載《暨南學報（哲學社會科學版）》，1987 年第 2 期。

〔註93〕載《歷史研究》1986 年第 3 期。

〔註94〕載《中山大學學報》1986 年第 3 期。

在國內，個案研究也取得了豐碩成果，首先要提到的是臺灣毛漢光先生率先使用大量墓誌資料，以統計和量化分析的方法對琅琊王氏的譜系、仕宦及婚姻進行動態的分析考察，後來毛先生擴大範圍對關中、山東郡姓凡十四姓十七家的房支、仕進科舉、婚姻關係、遷徙流動、歷時變動等進行研究，研究成果收錄在《中國中古社會史論》和《中國中古政治史論》〔註95〕兩書之中，毛先生的研究對筆者具有很大的指導意義。其他代表性個案研究成果有蕭華榮《華麗家族：兩晉南朝陳郡謝氏傳奇》〔註96〕、郭鋒《唐代士族個案研究——以吳郡、清河、范陽、敦煌張氏爲中心》〔註97〕、王大良《中國古代家族與國家形態：以漢唐時期琅邪王氏爲主的研究》〔註98〕、周徵松《魏晉隋唐間的河東裴氏》〔註99〕、楊蔭樓《中古時代的蘭陵蕭氏》〔註100〕、李伯奇《簪纓世家琅琊王氏家族》〔註101〕、夏炎《中古世家大族清河崔氏研究》〔註102〕、李貴錄《北宋三槐王氏家族研究》〔註103〕、呂卓民《長安韋杜家族》〔註104〕、楊育坤《弘農楊氏》〔註105〕、王力平《中古杜氏家族的變遷》〔註106〕等；代表性論文有封海清《琅琊顏氏研究》〔註107〕、杜文玉《唐代宦官世家考述》〔註108〕、王靜《靖恭楊家——唐代中後期長安官僚家族之個案研究》〔註109〕等等。許多未以家族爲題的研究中亦有涉及，詳情參看相關研究綜述。〔註110〕

〔註95〕上海世紀出版集團上海書店出版社，2002年。

〔註96〕北京生活・讀書・新知三聯書店，1995年。

〔註97〕廈門大學出版社，1999年5月。

〔註98〕甘肅人民出版社，1999年。

〔註99〕山西教育出版社，2000年1月。

〔註100〕山東文藝出版社，2004年。

〔註101〕山東文藝出版社，2004年。

〔註102〕天津古籍出版社，2004年。

〔註103〕齊魯書社，2004年。

〔註104〕西安出版社，2005年。

〔註105〕三秦出版社，2005年。

〔註106〕商務印書館，2006年版。

〔註107〕載《昆明師專學報》，1991年第2期。

〔註108〕載《陝西師大學報》，1998年第2期。

〔註109〕載《唐研究》2005年第11卷。

〔註110〕詳參安群：《十年來國內門閥士族研究綜述》，《中國史研究動態》1992年第2期。容建新：《80年代以來魏晉南北朝大族個案研究綜述》，載《中國史研究動態》，1996年第4期。陳爽：《近20年中國大陸地區六朝士族研究概觀》，載日本《中國史學》第11卷（2001年10月）。安群：《十年來國內門閥士族研究綜述》，《中國史研究動態》1992年第2期。

　　作爲山東郡姓之一的范陽盧氏是本文的研究對象，范陽盧氏自東漢盧植以後，地位煊赫，世代冠冕，北朝時入局胡族政權，爲北方一流高門，與皇室拓跋氏通婚，有「一門三公主」之譽；在唐代世家大族屢受打擊的情況下，仍然通過自身的文化優勢躋身科舉，累世高官，有「八相佐唐」之稱，而且突破禁婚之家的詔令約束，依然奉行高門大族互相婚姻。范陽盧氏作爲典型的北方世家大族，從其形成到其衰落，貫穿了整個中古時期，透過對這一個案的研究，以小見大，可以深化對中古社會的認識。

　　學界對范陽盧氏的研究相對於其他大族顯得較爲薄弱，至今尚未見到專門著作來研究范陽盧氏，只是在個別家族史、社會史著作中略有涉及，如毛漢光《中國中古社會史論》〔註111〕對唐代范陽盧氏及其他四姓六家的世系房支進行了考訂，並以統計和量化分析的方法研究仕宦和籍貫遷移，認爲中央化使世家大族成爲純官僚，而失去地方基礎。陳爽著《世家大族與北朝政治》〔註112〕第三章做了專題個案研究，考察了後燕政權對幽州地區的統治及其與范陽盧氏家族的關係、北魏盧玄應召及北魏後期盧氏門風的衰落，還探討了北魏後期范陽盧氏的分化。另有一些論文以范陽盧氏爲研究對象，高詩敏《范陽盧氏的興衰及其歷史地位》〔註113〕一文將范陽盧氏的發展分爲三個階段，第一是東漢末至魏晉興起昌盛階段，第二是北魏持續發展階段，第三是東西魏、北齊北周日趨衰落階段。通過對這三階段的研究，高氏認爲范陽盧氏在魏晉南北朝時期一直是在走下坡路、逐漸衰落的發展趨勢。此觀點並不符合歷史事實，不能解釋北朝時期范陽盧氏在婚宦二途的重要地位，該文以范陽盧氏興衰爲題，卻未有涉及唐代內容。在婚姻關係方面，劉馳《從崔、盧二氏婚姻的締結看北朝漢人士族地位的變化》〔註114〕以及日本學者愛宕元《唐代范陽盧氏研究——以婚姻關係爲中心》〔註115〕分別研究了北朝崔盧兩大高門的婚姻和唐代范陽盧氏的婚姻關係。鄭雅如《「中央化」之後——唐代范陽盧氏大房寶素系的居住形態與遷移》〔註116〕一文研究較爲細緻，用 50 余方墓

〔註111〕上海世紀出版集團上海書店出版社，2002 年。

〔註112〕中國社會科學出版社，1998 年 12 月版。

〔註113〕載《北朝研究》，1997 年第 1 期。

〔註114〕載《中國史研究》，1987 年第 2 期。

〔註115〕該文收入川勝義雄等編:《中國貴族制社會研究》，京都大學人文科學研究所，1987 年版。

〔註116〕載《早期中國史研究》，2010 年第 2 卷第 2 期。

誌來考察范陽盧氏大房寶素支系居住地的遷移情況，並對毛漢光士族「中央化」的說法提出疑問和補充，認爲寶素支系於唐代前期遷移至洛陽，家族成員任官去職後返回洛陽，可以稱作「中央化」，但至唐代後期，家族成員任官去職後就近生活居住，死後方歸葬洛陽。唐代後期持續保持「中央化」面臨困難，家族與地域的結合也不如中古前期那樣緊密。高詩敏《北朝范陽盧氏形成冠冕之首的諸因素》〔註117〕一文認爲范陽盧氏在北朝的仕宦與其冠冕之首的地位並不相稱，與皇室、士族聯姻以及「德業儒素」之家學對其形成冠冕之首則起到了更爲關鍵的作用。此外還有尹建東《試論北魏以來關東大族的「旁支」——以范陽盧氏、渤海高氏和趙郡李氏爲中心》〔註118〕、前田愛子、郝燭光《唐代山東五姓婚姻與其政治影響力——通過製作崔氏、盧氏、鄭氏婚姻表考察》〔註119〕、楊衛東《北齊盧譽墓誌考》〔註120〕、宋燕鵬、馮紅《〈北齊盧譽墓誌考〉獻疑》〔註121〕、黃永年《〈纂異記〉和盧全的生卒年》〔註122〕、李國強《唐代范陽盧氏婚姻問題研究》〔註123〕、張固也《唐盧元福墓誌考釋》〔註124〕、宋雲濤、李獻奇《唐盧承福、盧暠及盧元衡墓誌考略》〔註125〕、劉文忠《盧諶、劉琨贈答詩考辨》〔註126〕、劉曾遂《盧全不死於「甘露之變」辨》〔註127〕、孔慶茂、溫秀雯《盧全行年考》〔註128〕等等。另外，楊維森編著的《范陽盧氏族史》〔註129〕有很好的資料價值。李國強曾以《唐代范陽盧氏研究》〔註130〕爲題寫作碩士學位論文，對唐代四房盧氏的仕宦、文化、籍貫遷移和歸葬作了初步考察。總體來講，關於范陽盧氏的研究成果不多，但聊勝於無，前賢的論著都給本文的寫作帶來有益的啓示。

〔註117〕《首都師範大學學報》社會科學版，1997年第2期。
〔註118〕載《天津大學學報（社會科學版）》2003第5期。
〔註119〕載《唐史論叢》（第十四輯），2011年。
〔註120〕載《文物春秋》2007年第3期。
〔註121〕載《文物春秋》2008年第4期。
〔註122〕載《中國古典文學叢考》第二輯，上海：復旦大學出版社，1987年。
〔註123〕載《湖北社會科學》，2012第6期。
〔註124〕載《史學史研究》2008年第1期。
〔註125〕載《中原文物》1998年第3期。
〔註126〕載《文史哲》1988年第2期。
〔註127〕載《杭州大學學報》，1983年第3期。
〔註128〕載《南京師院學報》1990年第4期。
〔註129〕2005年貴州大學中國文化書院出版。
〔註130〕河北師範大學2000年碩士學位論文。

三、資料及方法

自上個世紀 80 年代社會史繁榮起來以後，屬於社會史範疇的史料的範圍也大大拓寬，舉凡正史、野史、小說筆記、私人文集、家訓、族譜、地方志、造像、石刻、碑刻、墓誌、文書、文物以及民族史、人類學的材料及信息都被用來支撐家族史的研究。對於中古時期家族史的研究，意義最為重大的莫過於出土墓誌資料的使用，近年來大量唐人墓誌公佈出版〔註 131〕，這些墓誌的墓主人大多是當時的名門望族之家，其墓誌銘文一般都詳細記載其名諱、

〔註131〕 近年陸續公佈出版的墓誌資料主要有：趙超主編《漢魏南北朝墓誌彙編》（天津古籍出版社，1992 年 6 月版）、趙萬里編《漢魏南北朝墓誌集釋》（新文豐出版公司印行，1982 年）、羅新、葉煒《新出魏晉南北朝墓誌疏證》（北京：中華書局，2005 年）、韓理洲輯校編年《全三國兩晉南朝文補遺》（三秦出版社，2013 年 3 月）、韓理洲輯校編年《全北魏東魏西魏文補遺》，三秦出版社，2010 年 12 月）、韓理洲輯校編年《全北齊北周文補遺》（三秦出版社，2008 年 6 月）、《隋唐五代墓誌彙編》（天津古籍出版社，1991 年）、河南文物研究所、洛陽地區文管處編《千唐誌齋藏誌》上下冊（文物出版社，1984 年）、周紹良主編、趙超副主編《唐代墓誌彙編》上下冊（上海古籍出版社，1992 年 11 月版）、周紹良、趙超主編《唐代墓誌彙編續集》（上海古籍出版社，2001 年 12 月版）、洛陽市文物工作隊：《洛陽出土歷代墓誌輯繩》（中國社會科學出版社，1991 年版）、中國文物研究所、北京石刻藝術博物館編《新中國出土墓誌》（文物出版社，2003 年版）、楊作龍、趙水森等編著《洛陽新出土墓誌釋錄》（北京圖書館出版社，2004 年 10 月版）、侯璐主編《保定出土墓誌選注》（河北美術出版社，2003 年版）、洛陽市第二文物工作隊，李獻奇、郭引強編《洛陽新獲墓誌》（文物出版社，1996 年 10 月）、洛陽市第二文物工作隊，喬棟、李獻奇、史家珍編著《洛陽新獲墓誌續編》（科學出版社，2008 年 3 月）、西安市長安博物館，田曉利主編《長安新出墓誌》（文物出版社，2011 年 5 月）、趙君平、趙文成編著《秦晉豫新出土墓誌蒐佚》全四冊（北京圖書館出版社，2012 年 2 月）、趙文成、趙君平編選《新出唐墓誌百種》（西泠印社出版社，2010 年 11 月）、趙力光等編《西安碑林博物館新藏墓誌彙編》上中下三冊（線裝書局，2007 年）、饒宗頤編著《唐宋墓誌：遠東學院藏拓片圖錄》（香港中文大學出版社，1981 年）、韓理洲輯校編年《全隋文補遺》（三秦出版社，2004 年）、吳鋼主編《全唐文補遺》一至九輯（三秦出版社，1994～2007 年陸續出版）、吳鋼主編《全唐文補遺》千唐誌齋新藏專輯（三秦出版社，2006 年）、陳尚君輯校《全唐文補編》上中下三冊（北京：中華書局，2005 年 9 月）、趙君平編《邙洛碑誌三百種》（中華書局，2004 年 7 月）、趙君平、趙文成編《河洛墓刻拾零》上下冊（北京圖書館出版社，2007 年 7 月）、齊運通編《洛陽新獲七朝墓誌》（中華書局，2012 年 3 月）、郭茂育、趙水森著《洛陽出土鴛鴦誌輯錄》（國家圖書館出版社，2012 年 10 月）、胡戟、榮新江主編《大唐西市博物館藏墓誌》（北京大學出版社，2012 年 11 月）。

郡望、教育科舉信息，任官歷程、品德才能、婚姻對象、年齡、去世日期及
其埋葬地點，還敍述其父祖世系及其婚宦情況、子女及其婚宦情況等信息，
這些無疑都是家族史研究最爲需要的資料。本課題的研究就是在大量使用墓
誌資料，同時結合傳世文獻互補互證的情況下完成的。

在研究方法上，本文採取個案研究的方法，不少學者習慣於大而化之的
一般性的研究，而漠視個案研究的意義，認爲個案研究無非重複一般研究的
結論，而沒有意識到個案研究對於細化、深化、檢驗、反思整體研究的意義，
許多泛泛而論的結論可能需要個案研究去證實、補充或者推倒否定，而更爲
重要的是只有在大量紮實的個案研究基礎上才能進一步推進整體研究的昇
華，實現從總體上再進行研究的理論超越。「個案研究的主要優勢是在自身框
架內，能夠找到方法用具體的概念來解答貴族家庭的基本問題」，比如通常都
認爲士族奉行門第婚姻，但究竟這個門第高低的界限是什麼樣的？與哪些家
族通婚最爲頻繁？是否完全都在世家大族內部通婚？占多大比例？在何種情
況下世家大族會降低姻親對象的門檻和標準？在婚姻上與當朝統治者政策之
間的博弈等等，這些問題不通過個案研究是無法弄清楚的。「單個家族的個案
研究具有明顯的缺陷：一個家族的某些特徵可能是獨具特性抑或出於偶然，
貴族家庭的類型可能多種多樣，等等。但是，如果想獲得闡釋貴族家庭堅實
可靠的實證性基礎，個案研究是一個良好的開端」〔註132〕。本文對范陽盧氏
的個案研究，運用「長時段」的眼光越過王朝更迭和政權交替，在二到九世
紀這一較長時段的歷史背景裏考察范陽盧氏家族的盛衰沉浮。

本文在研究中立足於傳統的實證研究，以大量有關范陽盧氏家族人物的
史料爲基礎，首先考鏡源流，梳理范陽盧氏家族姓氏來源、家族譜系及人物
關係；其次鈎沉歷史，考察范陽盧氏家族的發展歷程；在此基礎上探討范陽
盧氏的仕宦情況、婚姻締結、教育和文化、宗教信仰等方面的內容，進而關
注范陽盧氏家族與中古時期政治變遷與階層變動、與儒學、與他族之間的複
雜關係，嘗試從家族史的角度考察家族、思想與社會的互動關係。

本文還綜合運用了社會學、政治學、統計學、文化人類學等學科的一些
理論與方法，比如在說明世家大族作爲一個中間階層時，採用政治社會學中
「精英階層」理論和「中層理論」的有關說法；揭示世家大族在國家與社會

〔註132〕〔美〕伊沛霞著，范兆飛譯：《早期中華帝國的貴族家庭：博陵崔氏個案研究》，
上海古籍出版社，2011年版，第8頁。

兩極中的地位及作用時，借鑒毛漢光先生「政治力與社會勢力」理論；在說明范陽盧氏家族仕宦、婚姻等情況時，根據需要採用列表統計、量化分析、比較等統計學的方法，由於專業水平所限，可能運用並不成熟，敬請方家指正。

第二章　范陽盧氏溯源

　　范陽，即今天的河北省涿州市，古爲幽州之地，戰國時代隸屬燕國，爲燕之涿邑。秦滅燕國，分天下爲四十郡，以燕國都城以及其西部土地爲上谷郡。漢代實行郡國並行制，漢高祖元年（前206），項羽入關，立臧荼爲燕王，都城爲薊。高祖三年（前204），韓信部隊到燕國，臧荼投降。後來臧荼反叛漢朝被殺，立盧綰爲燕王。高祖十一年（前196）盧綰叛亂投降匈奴，高祖十二年（前195）立子建爲王。文帝元年（前179）遷徙琅琊王澤爲燕王。景帝六年（前151），國除，元狩六年（前117）復國，以子旦爲燕王，元鳳元年（前80）再廢國。高祖六年（前201），把上谷郡的一部分析出設置涿郡，領廿九縣，置涿縣、范陽縣。王莽政權改涿郡爲垣翰，范陽，莽曰順陰。東漢仍爲涿郡，領七縣（涿、遒、固安、范陽、良鄉、新城、方城），屬幽州刺史管轄。三國魏黃初七年（226），魏文帝改涿郡爲范陽郡，治所在薊。西晉武帝泰始元年（265），改爲范陽國，封宣帝弟馗子綏爲范陽王，領八縣（涿縣、良鄉、方城、長鄉、遒、固安、范陽、容城），幽州治所遷往涿縣。十六國時期少數民族政權更迭頻繁，范陽一帶先是被後趙石勒佔領，置幽州、燕郡；其後，前燕慕容儁、前秦苻堅、後燕慕容垂相繼統治這裡。北魏復爲范陽郡，領涿、固安、范陽、萇鄉、方城、容城、遒七縣，北齊惟領涿、遒、范陽三縣，北周惟領涿、范陽兩縣，北齊武平七年（576），范陽治所由故城遷至伏圖城（今河北定興縣百樓村北「官城」）。隋開皇三年（583年），罷范陽郡，屬幽州，幽州治所遷往薊；大業三年（607）以幽州爲涿郡，領九縣（涿、薊、良鄉、安次、固安、潞、懷戎、雍奴、昌平）。唐武德元年（618）郡廢，爲涿縣；唐武德七年（624），改涿縣爲范陽縣；天寶元年（742），改幽州涿郡爲幽州范陽郡，治所在薊縣，原來的幽州節度使更名爲范陽節度使，增領歸順、歸德二郡。安祿山後來在這裡發動了安史之亂。寶

應元年（762），李懷仙投降唐朝，這裡又改回幽州，范陽節度使復爲幽州節度使，及平盧陷，又兼盧龍節度使；大曆四年（769），幽州節度使朱希彩奏請於范陽縣置涿州，范陽與歸義、固安三縣自幽州析出劃歸涿州，又析固安置新昌縣，凡領縣四；大和六年（832），以故督亢地置新城縣亦屬涿州，凡領縣五，治所在范陽縣。五代遼時期，仍叫涿州，領范陽、固安、新城、歸義四縣。北宋宣和四年（1122），遼將郭藥師以涿州以投降北宋，北宋朝廷賜郡名爲涿水。北宋宣和七年（1125），郭藥師叛宋降金，復改爲涿州，屬中都路，領范陽、固安、新城、定興、奉先五縣。蒙古太宗窩闊台八年（1236），升爲涿州路，世祖忽必烈中統四年（1263），復爲涿州，屬大都路，領范陽、房山二縣。明洪武初年，省范陽縣併入涿州，屬北平府，不久又屬順天府，領房山一縣。清代，仍稱涿州，領房山一縣；雍正七年（1729），房山縣入順天府，涿州無屬縣。民國時期改稱涿縣。〔註1〕

幽州地區是北中國的門戶，地理位置險要，歷來是軍事要衝之地，故對此地的爭奪也很激烈。在浩如煙海的史學典籍中，不少家族都稱范陽爲其郡望或祖籍，自稱范陽人。以范陽爲郡望的家族有盧氏、祖氏、范氏、張氏、鄒氏等，范陽盧氏便是以范陽爲郡望的聲望顯赫的大族之一。

一、盧氏得姓

中國人開始使用姓氏是在五帝時期，當時姓是非常少的，清代的顧炎武統計了《春秋》中所見的 22 個古姓（嬀、姒、子、姬、風、嬴、己、任、姞、祁、芊、曹、妘、董、姜、偃、歸、曼、熊、隗、漆、允），「自戰國以下之人，以氏爲姓，而五帝以來之姓亡矣。」〔註2〕22 個古姓中沒有盧氏，說明盧氏是後來以氏爲姓演化而來的。那麼，盧氏出自何姓呢？

盧姓形成於春秋初期的齊國，是以采邑名命得的姓，與以祖字命氏的高姓同宗。此即《新唐書·宰相世系表》所云：「盧氏出自姜姓。齊文公子高，高孫傒爲齊正卿，諡曰敬仲，食采於盧，濟北盧縣是也，其後因以爲氏。」

〔註 1〕 參考以下文獻：《漢書》卷二八上《地理志》、《後漢書》卷三八《滕撫列傳》、《後漢書》卷一一三《郡國志》、《魏書》卷一○六上《地形志》、《晉書》卷一四《地理志》、《隋書》卷三○《地理志》、《舊唐書》卷三八《地理志》、《遼史》卷四○《地理志》、《河北省涿縣志》（成文出版社，民國廿五年鉛印本影印）。

〔註 2〕 〔清〕顧炎武著，〔清〕黃汝成集釋：《日知錄集釋》卷二十三，上海古籍出版社，1985 年版，第 1689～1690 頁。

　　根據《世本》、《元和姓纂》、《新唐書·宰相世系表》、《通志·氏族略》等史料記載，盧氏出自姜姓。姜姓是炎帝的後代，因炎帝世居姜水而得姓，爲中國最古老的姓氏之一。《說文》曰：「神農居姜水，因以爲氏。」神農氏即傳說中的炎帝，爲中國歷史上遠古「三皇」之一。因炎帝生於姜水（今陝西岐山縣），故以姜爲氏。盧姓出自姜姓，是齊太公之後。齊國的始祖齊太公名尚，本姓姜，因其先祖於虞、夏之際被封於呂（今河南南陽縣西），「從其姓封，故曰呂尚」，因輔佐周武王滅商有功，於西周初被封於營丘，建立齊國。齊國歷丁公、乙公、癸公、哀公、胡公、獻公、武公、歷公至文公。齊文公赤的兒子公子高有個孫子叫傒，任齊國正卿，食邑於盧（在今山東長清縣西南），其子孫以封邑爲氏，就是盧氏。齊文公之子高，高之孫傒，傒受封於盧邑，子孫以邑爲氏，稱盧氏。史料對此的記載趨於一致：

　　　　盧氏，齊公族高傒，食采於盧，因姓盧氏。〔註3〕

　　　　及齊之國氏……盧氏，皆姜姓也。〔註4〕

　　　　盧，姜姓，後封。今齊之盧城。漢縣，有盧水。〔註5〕

　　　　盧，姜姓。齊太公之後，至文公子高，高孫傒，食采於盧，因姓盧氏。〔註6〕

　　　　盧氏出自姜姓。齊文公子高，高孫傒爲齊正卿，諡曰敬仲，食采於盧，濟北盧縣是也，其後因以爲氏。〔註7〕

　　　　盧氏。姜姓，齊太公之後也。齊文公之子高，高之孫傒，食采於盧，今齊州盧城是也，因邑爲氏。秦有博士盧敖，子孫家於涿水之上，遂爲范陽涿人。漢有燕王盧綰，其裔也。又有盧蒲氏，出自桓公，亦爲盧氏。皆齊之盧也。按河南後魏官氏志有莫蘆氏，虜姓也。後改爲蘆，復去艸。又有范陽雷氏，以盧、雷聲近，故亦改爲盧焉。又有三原閭氏，准制改爲盧氏。又章仇大翼，善天文，隋煬帝賜姓盧氏。〔註8〕

〔註3〕《世本·氏姓篇》。

〔註4〕《潛夫論·志氏姓》。

〔註5〕《路史·國名紀一》。

〔註6〕《元和姓纂》。

〔註7〕《新唐書》卷七三上《宰相世系表三上》。以下所引《新唐書·宰相世系表》均爲此卷，簡稱爲「《新唐書·宰相世系表》」，如有別卷，另行注明。

〔註8〕《通志·氏族略第三·以邑爲氏》。

莫那盧，代北三字姓，孔至曰：莫那盧氏，後改姓盧。」「莫盧，
莫盧氏改爲盧氏。〔註9〕

由此可知，盧姓至少有七個來源：第一，炎帝神農氏後裔，即齊文公子高孫
傒在盧地受封後，以邑爲氏；第二，齊桓公之後，由盧蒲氏衍化而來；第三，
北方少數民族虜姓莫蘆氏改姓爲蘆，後來去掉草字頭，是爲盧姓；第四，范
陽雷氏因盧、雷聲近，在北周之初改爲盧氏；第五，陝西的三原閻氏，經唐
朝皇帝特批，改姓爲盧；第六，隋朝時，河間有章仇氏太翼，隋煬帝以章仇
氏與盧氏同源，賜姓爲盧〔註10〕；第七，北魏孝文帝改鮮卑姓爲漢姓，於是
代北姓氏吐伏盧氏、伏盧氏、莫那盧、葛盧氏、豆盧氏，皆改姓盧氏。但是，
這七種來源中，盧氏主要來源於第一種，即盧邑受封之後形成的盧氏，因此
傒可以說是盧姓的始祖。

范陽盧氏出自於第一種來源，即齊文公子高孫傒之後裔，許多出土墓誌
材料也印證了范陽盧氏祖先的得姓來由，列舉如下：

表一：范陽盧氏姓氏來源情況統計表

序號	墓誌主人	姓氏由來	資料來源
1	盧翊	公姓盧氏，諱翊，其先出於神農氏，暨周尚父太公封齊，嗣子伋有子七人，第三子食邑於盧，子孫爲盧氏。	《全唐文補遺》第一輯249頁《大唐故銀青光祿大夫檢校太子賓客上柱國范陽郡開國子兼監察御史盧公（翊）墓誌銘》
2	盧伯卿	其先姜姓，食榮於盧，因而受氏。	《全唐文補遺》第一輯319頁《唐故知鹽鐵轉運鹽城監事殿中侍御史內供奉范陽盧府君（伯卿）墓誌銘並序》
3	盧氏	夫人盧姓，范陽涿人也。其先以食邑爲氏。軒裳人物，奕世隆盛。	《全唐文補遺》第一輯356頁《清河崔樅夫人范陽盧氏合祔墓誌並序》
4	盧氏	盧氏之先，出於齊高子之族，因邑命氏，代爲齊人。	《全唐文補遺》第一輯385頁《唐故懷州錄事參軍清河崔府君後夫人范陽盧氏墓誌銘並序》
5	盧仲容	盧仲容字仲容，范陽人。其先姜姓，陽烏七葉孫也。自受氏無違德，到於今爲盛門。	《全唐文補遺》第一輯194頁《唐故兗州鄒縣尉盧君（仲容）墓誌銘並序》

〔註9〕 《古今姓氏書辯證》。
〔註10〕 《隋書》卷七八《盧太翼傳》。

序號	墓誌主人	姓氏由來	資料來源
6	盧調	君諱調，字子通，范陽涿人，神農姜姓之後也。粵若秩宗受職，佐帝業於虞年，營丘建邦，盛王師於周歷。逮乎齊君獎德，肇錫於盧。……其詞曰：入作毗王武□□□。奄錫營丘，藩萍宗周。分榮盧國，厥氏斯得。	《全唐文補遺》第二輯 424 頁《大唐處士范陽盧府君（調）墓誌銘並序》
7	盧曒	昔者太公望夾輔周室，建封營丘。胤齊之姜，別爲盧氏。遂荒東土，克家北燕。有神仙焉，有儒術焉。禮樂軒裳，緯繡圖諜，可略而言矣。	《全唐文補遺》第二輯 515 頁《唐故相州臨漳縣令范陽盧府君（曒）墓誌銘並序》
8	盧方	公諱方，字仁圃，其先范陽涿人也。昔尚父佐周剪商，世祚東海。公子因邑命氏，代居北（燕）。	《全唐文補遺》第四輯 88 頁《唐故朝議郎行大理評事上柱國范陽盧公（方）墓誌銘並序》
9	盧昂	盧氏之先，自營丘啓封，榮邑定氏。至秦博士敖，遂稱燕人。漢侍中植，名著海內，學爲儒宗。居涿郡，魏太祖表其地爲先賢之鄉。	《全唐文補遺》第四輯 115 頁《唐故中大夫澧州刺史賜紫金魚袋范陽盧府君（昂）墓誌銘並序》
10	盧氏	夫人諱口，字口，范陽涿人也。其先出自有齊呂尚之裔，有公子高奚者，於時爲賢，食榮盧邑，因以命氏。	《全唐文補遺》第六輯 86 頁《唐故蜀郡蜀縣令清河崔府君夫人范陽盧氏墓誌銘並序》、《唐代墓誌彙編續集》天寶 096《唐故蜀郡蜀縣令清河崔府君夫人范陽盧夫人墓誌銘並序》
11	盧嶠	公諱嶠，字嶠。其先姜姓，翼舜弼禹，道光舊冊。自周尚父左右文王、武王，恢天功，基帝業，就封歸老，建國於齊。厥後子孫嗣勳德者，派別支流，或曰柴氏，或曰盧氏。公其裔也。世有明範，以濟厥美。天賜乃慶，鍾於後昆。	《全唐文補遺》第六輯 106 頁《唐故給事郎守永州司馬賜緋魚袋范陽盧府君（嶠）墓誌銘並序》
12	盧軺	公諱軺，字子致，范陽涿郡人。其先炎帝之胤，神農氏生於姜水，姜姓其後也。至裔孫敬仲，	《全唐文補遺》第六輯 189 頁《唐故朝議郎使持節均州諸軍事守均州刺史范陽盧府君（軺）墓誌銘》

序號	墓誌主人	姓氏由來	資料來源
		仲以王父字爲姓。魯莊廿二年，見於春秋，食菜盧色（注：原志「色」當作「邑」），因以命氏。	
13	盧榮	君諱榮，望本幽州范陽郡。盧氏之先人，自承神農皇帝之苗裔，太公之胤緒。因齊丁公之夫人生一子□□盧□分明。	《全唐文補遺》第六輯489頁《唐故盧府君（榮）墓誌銘並序》
14	盧之翰	於維我洪宗，係自於齊，厥後因地受氏，遂爲著姓。	《全唐文補遺》第七輯69頁《唐故魏州臨黃縣尉范陽盧府君（之翰）玄堂記》
15	盧甫	公諱甫，字甫，其先食菜於盧，因以氏焉，則今之范陽。自我太公封齊，以至於我五代祖兵禮吏尚書、容城侯愷，代有其傳，故不書也。	《全唐文補遺》第七輯73頁《唐故河南府伊闕縣丞盧公（甫）墓誌銘並序》
16	盧文亮	公諱文亮，字子澄。范陽涿人也。□乎氏族，則神農炎帝之祚胤也。	《全唐文補遺》第七輯169頁《唐故羅林軍□銀青光祿大夫行尚書兵部侍郎知制誥上柱國范陽縣開國□食邑三百戶盧公（文亮）權厝記並序》
17	盧元衡	公諱元衡，字□□。范陽人也。昔者太嶽分職，初興寶胤，營丘受□，肇□榮緒。	《全唐文補遺》第七輯347頁《唐故揚府功曹盧公（元衡）墓誌銘並序》
18	盧婉	夫人諱婉，字妹妹，范陽人也。先王建號，帝列山之子孫，有齊是宅，太公望之苗裔。	《全唐文補遺》第七輯18頁《大周前益州什邡蕭主簿夫人盧氏（婉）墓誌銘並序》
19	盧□	若夫緬眕緗圖，詳觀青史，營丘創其景命，盧邑肇其丕基，本枝將八桂齊榮，長源共九河俱濬。	《唐代墓誌彙編》咸亨059《大唐故銀青光祿大夫行揚州大都督府長史魏縣子盧公墓誌銘並序》
20	盧行毅	公諱行毅，字子明，范陽涿人也。伯夷典禮，尚父爲師，爰昌四嶽之秩，所謂大風之裔。盧實胙土，燕惟世家，自先生敖、中郎植、司空毓、尚書珽後，稱冠族者數百祀於今，洪流淼然，休陰無絕。	《唐代墓誌彙編》大足008《大周故朝請大夫行鼎州三原縣令盧府君墓誌銘並序》，又見《全唐文補遺》第一輯《大周故朝請大夫行鼎州三原縣令盧府君（行毅）墓誌銘並序》

序號	墓誌主人	姓氏由來	資料來源
21	盧氏	夫人盧氏，諱□字□，范陽人也。其先伯夷佐夏，乃有呂國，太公滅殷，遂履齊土，有公子高溪者，稱賢大夫，食榮盧邑，蓋因封以得姓。	《唐代墓誌彙編》長安048《大周并州司功王公故夫人盧氏墓誌銘並序》、《全唐文補遺》第五輯271頁《大周并州司功王公故夫人盧氏墓誌銘並序》
22	盧翊字子鸞	公諱翊，字子鸞，涿郡范陽人也。昔者賜履東海，分封北燕，開霸國之圖，受大名之錫，盧氏得姓，厥惟舊哉。	《唐代墓誌彙編》開元379《唐故通議大夫鄂州刺史上柱國盧府君墓誌銘並序》
23	盧招	公諱招，字子思，涿郡范陽人也。出於炎帝之胤，舜以揖讓受終，伯（夷）典其禮；武以師徒禁暴，尚父訓其兵。派齊後而蕃昌，宅燕垂而光大。	《唐代墓誌彙編》天寶252《有唐登仕郎行魏郡冠氏縣尉雲騎尉盧公墓誌銘並序》、《全唐文補遺》第三輯94頁《有唐登仕郎行魏郡冠氏縣尉雲騎尉盧公（招）墓誌銘並序》
24	盧□	府君盧姓，其先姜氏，范陽人也。	《唐代墓誌彙編》大曆050《唐太原府司錄先府君墓誌銘並序》
25	盧氏	夫人姓盧氏，諱梵兒，字舍那，涿郡范陽人也。爰自本枝炎皇，錫胤齊後，公子分邑以命氏，尚書崇德以建家。	《唐代墓誌彙編》大曆058《有唐盧夫人墓誌》
26	盧沇	府君諱沇，字子衡，范陽人，蓋神農之裔也。奕代佐理，封邑於盧，遂命爲氏。	《唐代墓誌彙編》永貞002《唐故朝散大夫豪郢二州刺史上柱國盧府君夫人隴西李氏墓誌銘並序》
27	盧□	盧氏之先，自營丘啓封，榮邑定氏。	《唐代墓誌彙編》大和021《唐故中大夫澧州刺史賜紫金魚袋范陽盧府君墓誌銘並序》
28	盧公弼	府君姓盧氏，諱公弼，字子成，其先范陽人也。南祖大房，自姬姜得姓，逮於府君，世爲之盛族。	《唐代墓誌彙編》咸通058《唐故范陽盧府君墓誌銘並序》、吳鋼主編《全唐文補遺》第四輯237頁《唐故范陽盧府君（公弼）墓誌銘並序》
29	盧正言	君諱正言，字履貞，范陽人也。其先姜氏，食蔡於盧，因而得姓。自齊遷涿，家於北燕，豈神農之裔也。	《全唐文補遺》（千唐誌齋新藏專輯）158頁《大唐故右監門衛將軍上柱國贈銀青光祿大夫兗州都督謚曰光范陽盧府君（正言）墓誌銘並序》

序號	墓誌主人	姓氏由來	資料來源
30	盧仲文	初，齊公子高傒食邑於盧□，因以命氏。	《全唐文補遺》（千唐誌齋新藏專輯）347頁《唐故澤州晉城縣尉范陽盧府君（仲文）墓誌銘並述》
31	盧岳	府君諱岳，字周翰。其先齊太公之後。公子高傒食采於盧，因以命氏。	《全唐文》卷七八四《陝虢觀察使盧公墓誌銘》、《文苑英華》卷九三九《陝虢觀察使盧公墓誌銘》
32	盧廣敬	公諱廣敬，字廣敬，范陽人也。其先神農姜姓之苗裔。後襄、桓之際，公子高傒食荣盧邑，因以著姓。及先生盧敖爲博士，遭秦始皇之世，避難北海，子孫家於涿縣，故爲范陽人焉。	《大唐西市博物館藏墓誌》一八三《大唐故豫州汝陽縣令盧府君（廣敬）墓誌銘並序》
33	盧胱	君諱胱，字月旦，范陽人也。是以因官著姓，而食蔡於盧。祗命錫土，遂遷居於涿。本枝百世，累相重侯。衣冠人物，昭列前史。	《大唐西市博物館藏墓誌》二六五《大唐故朝請大夫饒陽郡司馬上柱國盧府君墓誌銘並序》
34	盧沐	我之自出，曰涿郡范陽盧氏。祖於姜，宗於太公，降晉中郎，前後羿世，明懋儒德，爲天下先。	《大唐西市博物館藏墓誌》三〇二《唐故汝州司戶參軍盧公墓誌銘並序》
35	盧湘	公諱湘，字鏡源，范陽涿人也。其先封於齊，漢侍中植之後。族望崇茂，軒裳弈暐。	《邙洛碑誌三百種》二二二《唐盧湘墓誌並蓋》
36	盧從度	公諱從度，字子彝，其先伯夷，爲舜秩宗，太公實表東海，至僖公之子高傒，食采盧邑，世爲齊卿，子孫因以爲氏。	《邙洛碑誌三百種》二七二《唐盧從度墓誌》
37	盧悅	府君諱嶽，字子孺，范陽人也。神農姜姓之後，伯夷佐禹，尚父封齊，□公子高傒以賢大夫食荣盧邑，子孫氏焉。	《河洛墓刻拾零》上冊二二九《唐盧悅墓誌並蓋》
38	盧濤	府君盧姓，其先姜氏，范陽人焉。	《河洛墓刻拾零》下冊三二九《唐盧濤墓誌》
39	盧處約	君諱處約，字得之。范陽人。君之本係出自姜姓，虞夏之際，封於呂。在夏商爲呂姓，	《河洛墓刻拾零》下冊四一四《唐盧處約墓誌》

序號	墓誌主人	姓氏由來	資料來源
		太公望其後也。周武王克殷，侯太公於齊，齊公子食邑於盧，始姓盧氏。	

以上這 40 則墓誌銘文追溯范陽盧氏的祖先，都自認爲出自神農炎帝，姜姓後裔，公子高傒的後代，因食采於盧邑而得姓盧氏。

二、先秦盧氏鈎沈

盧氏出自姜姓。相傳爲人文初祖炎帝神農氏的後代，炎帝因生於姜水而姓姜，炎帝 17 世孫伯夷協助唐堯掌管四嶽，輔佐大禹治水有功，受封於呂，稱呂侯，子孫因此以呂爲氏。呂侯伯夷第 37 代孫姜尚，即姜太公，又名呂尚、呂望，輔佐周文王、武王滅商立周，受封於齊國。齊國傳至太公 8 世孫文公姜赤，齊文公子高，高孫傒食采於盧，「因邑爲姓」，故其後裔姓盧也。其世系如下：

表二：先秦盧氏先祖高傒世系表

齊太公（姜尚）──齊丁公（姜伋）──齊乙公（姜得）──齊癸公（姜慈母）──齊哀公（姜不辰）──齊胡公（姜靜）──齊獻公（姜山）──齊武公（姜壽）──姜厲公（姜無忌）──姜文公（姜赤）──公子高──癸受──高傒（字祖望，謚敬仲）

齊文公之曾孫傒是姜尚的十一世裔孫，任齊國正卿，地位顯赫，在朝中德高望重，而且握有實權，統領著齊國三分之一的軍力。三軍中有中軍之鼓，有高子之鼓，有國子之鼓。高傒一生歷僖、襄、桓、孝公四代，襄、桓時代，齊國正值多事之秋，風雲變幻。齊襄公暴虐無道，滿朝皆怨，他的幾個弟弟紛紛外逃避難，公子糾由管仲協助逃亡魯國，公子小白在鮑叔牙的保護下逃到莒國。齊國大臣公孫無知趁齊襄公在貝丘狩獵的機會殺死了他，自立爲齊國國君。公孫無知這種弒君篡位的僭禮行爲引起了舉國上下的不滿，群臣求助於德高望重的高傒，高傒遂與雍廩一起設計殺死了公孫無知。隨後，高傒於公元前 685 年，先於公子糾迎小白回到齊國都城臨淄，並立公子小白爲齊國國君，是爲齊桓公。

桓公即位後，發兵攻魯，想殺管仲。鮑叔牙勸桓公說：「君將治齊，即高

侯與叔牙足也。君且欲霸王，非管夷吾不可」。桓公聽從鮑叔牙建議，捐棄前嫌，以厚禮聘管仲爲大夫，委以政事。公元前 685 年，鮑叔牙向齊桓公推薦管仲爲相，說：「管夷吾治於高侯，使相可也。」〔註11〕高侯不爭功貪位而識大體，忠心輔佐桓公。管仲向桓公建議，爲增強軍力，建立三軍：桓公帥中軍「五鄉」（萬人），國子、高子皆齊之上卿，各率「五鄉」，爲左、右軍。「有此士也三萬人，以方（橫）行天下」，大國也莫能當〔註12〕。公元前 672 年，魯公「及齊高（侯）盟於防」〔註13〕，魯莊公以國君身份，與齊國上卿高侯訂盟於防。

高侯與管仲、鮑叔牙、隰朋等共輔國政，勵精圖治，致使齊國國富兵強，成就了齊桓公春秋首霸的歷史功業。齊桓公修援立之功，念輔政之恩，對高、國世卿，皆加賜采邑，封賞高侯食采於盧邑（即今山東省長清縣西南）。高氏家族，繼續秉持國政，與國氏家族俱爲齊國重臣。齊桓公在眾臣的輔佐下，國力迅速增強，成爲春秋首霸。當時，魯國因有莊公夫人（哀姜）與慶父（莊公弟）之亂，莊公死後，二人被殺，國絕無人，「曠年無君」。齊桓公派高侯到魯國，執行「存魯」之重大使命。公元前 660 年，「齊高子來盟。高子者何。齊大夫也。何以不稱使。我無君也。然則何以不名。喜之也。何喜爾。正我也。其正我奈何。莊公死。子般弒。閔公弒。比三君死。曠年無君。設以齊取魯。曾不興師。徒以言而已矣。桓公使高子將南陽之甲。立僖公而城魯」，即高侯受齊桓公命，幫助魯國「立僖公而城魯」〔註14〕。他與僖公訂盟，穩定了魯國政局。同時，命令甲士幫助魯人築鹿門之城，以防邾、莒之變。魯人傳爲美談，「日猶望高子也」。世人稱讚高侯「能深執忠臣之義，勉其君於霸」。公元前 647 年，周襄王以齊相管仲有平戎扶周之功，欲」以上卿之禮饗管仲」。管仲謙謝曰：齊國有「天子之二守國、高在」〔註15〕，堅決辭讓，只受下卿之禮。

公元前 599 年，「夏，齊惠公卒。崔杼有寵於惠公，高、國畏其偪也，公卒而逐之，奔衛。」〔註16〕齊惠公卒，高氏、國氏擁立惠公之子無野即位，

〔註11〕《左傳》莊公九年。
〔註12〕《國語・齊語》。
〔註13〕《左傳》莊公二十二年。
〔註14〕《左傳》閔公二年。
〔註15〕《左傳》僖公十三年。
〔註16〕《左傳》宣公十年。

是爲頃公；高、國二氏恐「有寵於惠公」的崔杼掌權不利於己，便驅逐崔杼，崔杼逃到了衛國。齊靈公時（前 566），齊國滅掉萊國，高厚與崔杼一起「定其田」（即定其萊國田產的分配）。齊靈公因寵愛戎姬，更立太子牙，令高厚任牙之師傅。公元前 574 年，「齊高無咎出奔莒」，齊靈公聽信婦人讒言，「刖鮑牽而逐高無咎。無咎奔莒。高弱以盧叛」〔註 17〕。這是高氏以盧邑爲根據地，對齊國君所表示的第一次抗議。齊侯任用崔杼爲大夫，令慶克佐之，「帥師圍盧」〔註18〕。不久國佐之師自外歸來，也參與圍盧，盧邑終於投降。

　　齊靈公二十七年（前 555），高厚率師伐魯國國都北邊，後又退還。同年冬，魯君會合十二國之師，進攻齊國。其中晉將趙武、韓起「以上軍圍盧，弗克」，由此可見盧邑之堅固。次年（前 554），齊靈公去世，崔杼擁立前太子光爲莊公，殺掉太子牙，又殺高厚，齊國因此大亂，崔杼把持了齊國的政權。崔杼的弑君行爲引起了慶氏等貴族的不滿，齊景公元年（前 547），崔杼被滅族，慶封、慶舍先後專權〔註19〕，慶氏專權後，「益驕，嗜酒好獵，不聽政令」，又引起了眾怒，「田、鮑、高、欒氏相與謀慶氏。慶舍發甲圍慶封宮，四家徒共擊破之」〔註 20〕，田氏與鮑氏、高氏、欒氏四家聯合擊垮了慶氏。齊景公五年（前 543）九月，齊國「放其大夫高止於北燕」〔註21〕，據稱是因爲高止「好以事自爲功，且專」。高豎對此很不滿，不久就又「以盧叛」，表示抗議。齊令閭邱嬰「帥師圍盧」。高豎提出條件說：「苟使高氏有後，請致邑」，即要求保存高氏的後嗣和宗廟祭祀，而後獻城投降。「齊人立敬仲之曾孫酅」維持高氏家族宗廟祭祀，高豎將盧邑獻出，逃奔晉國，晉人建綿城以安置高豎家族。〔註22〕

　　齊景公病重時（前 490），命國惠子、高昭子共同擁立荼爲太子，而驅逐諸公子；景公死後，呂荼立，是爲晏孺子。這時仍由高氏、國氏秉政，田乞僞裝順從而事奉高氏、國氏，背後卻誹謗他們兩家。不久，田乞、鮑牧與諸大夫調集武裝，進入宮廷，且欲攻擊高昭子。高昭子聞訊，即與國惠子一起出兵救齊公（晏孺子）。兵敗之後，田乞窮追，國惠子投奔莒國，高昭子遇害。

〔註 17〕《左傳》成公十七年。
〔註 18〕《左傳》成公十七年。
〔註 19〕《左傳》襄公二十七年。
〔註 20〕《史記》卷三二《齊太公世家》。
〔註 21〕《左傳》襄公二十九年。
〔註 22〕《左傳》襄公二十九年。

田乞另立景公之子陽生，是爲齊悼公，齊國田氏貴族開始把持齊國政權。齊悼公四年，吳、魯攻打齊國時，齊大夫鮑牧乘機殺死齊悼公，立齊簡公。魯哀公十四年（前 481 年）六月，田常弒殺齊簡公，立簡公弟姜驁爲齊平公，自立爲太宰，專擅齊國政權。直到齊康公十九年（前 386），田常的曾孫田和代齊而爲諸侯，「遷康公於海上，食一城以祠太公以下」〔註23〕。公元前 379 年，康公卒，田氏並齊。之後，呂氏便中斷了社稷宗廟之祀，子孫因失國而離散。他們起先多在北方各地遷居，各以其先人所受封邑之名爲氏，姜姓高氏子孫因受封於盧邑，於是改氏爲盧，世代延續下來。田氏大肆迫害齊國貴族，盧氏先民紛紛逃離盧邑，分散在今河南、河北、山西、陝西一帶，「田和篡齊，盧氏散居燕、秦之間」〔註24〕。齊平公元年（前 480）又有「高無平出奔北燕」〔註25〕。可知盧氏有一支就在燕地（即范陽一帶）定居並繁衍下來，成爲其後興起的范陽盧氏的先祖。

〔註23〕《風俗通義・六國》。
〔註24〕《新唐書》卷七三上《宰相世系表三上》。
〔註25〕《左傳》哀公十五年。

第三章　范陽盧氏大族的形成

　　「田氏代齊」後，盧姓四處逃難，散居燕秦之間。秦朝，博士盧敖及其子孫在涿水一帶定居，盧氏開始在涿地繁衍生息。「田和篡齊，盧氏散居燕、秦之間。秦有博士敖，子孫家於涿水之上，遂爲范陽涿人。」〔註1〕「秦室奔儒，因家於涿，爰疏厥氏，乃曰燕人。邈矣洪源，斯焉載廣。」〔註2〕「盧氏之先，出於齊高子之族，因邑命氏，代爲齊人。至漢末，徙於涿郡，遂爲涿之范陽人。」〔註3〕這些史料大致告訴我們盧氏遷徙涿地的時間，應爲秦末至漢這一段時間裏，盧氏陸續遷往涿水一帶，聚眾而居，被稱爲范陽涿人。

　　定居涿地後，范陽盧氏便開始了漫長曲折的發展之路。秦末，盧敖裔孫盧綰隨漢高祖劉邦起兵反秦，功高蓋世，受封燕王，封國在涿郡，後涿郡盧姓不斷壯大，至東漢盧植，官至尚書、北中郎將，在官宦和經學方面爲盧氏爭得了一席之地，范陽盧氏名聲大振，范陽的地望得到尊崇，范陽盧氏發展爲名門望族之一。

一、秦漢時期：盧氏肇興

　　秦漢時期關於盧氏的資料也非常有限，史料中僅僅出現了少數幾位盧姓著名人物，如盧敖、盧綰、盧芳、盧植等人。但這卻成爲范陽盧氏族人在歷史上扮演重要角色的開始。

〔註1〕　《新唐書》卷七三上《宰相世系表三上》。
〔註2〕　《大唐處士范陽盧府君（調）墓誌銘並序》，載吳鋼主編：《全唐文補遺》第二輯，三秦出版社，1995年，第424頁。
〔註3〕　《唐故懷州錄事參軍清河崔府君後夫人范陽盧氏墓誌銘並序》，載吳鋼主編：《全唐文補遺》第一輯，三秦出版社，1994年，第385頁。

（一）盧敖：出使求仙、遁入深山

盧敖是范陽盧氏有確切史料記載、名姓可考的第一人，《新唐書·宰相世系表》載：「秦有博士敖，子孫家於涿水之上，遂爲范陽涿人。」盧敖，即《史記》中所載之盧生，本齊國（一說燕國）方士，秦始皇召爲博士。秦始皇三十二年（前215），「始皇之碣石，使燕人盧生求羨門、高誓。刻碣石門。」〔註4〕張守節《史記正義》注曰：「羨門」、「高誓」乃古仙人。盧敖被秦始皇派往東海尋求古仙人羨門、高誓及芝奇長生仙藥，秦始皇賞賜甚厚，進爲博士。秦始皇巡視北部邊疆，盧敖出使求仙歸來，「以鬼神事，因奏錄圖書，日『亡秦者胡也。』始皇乃使將軍蒙恬發兵三十萬人北擊胡，略取河南地。」〔註5〕秦始皇三十五年（前212），盧生游說始皇曰：「臣等求芝奇藥仙者常弗遇，類物有害之者。方中，人主時爲微行以辟惡鬼，惡鬼辟，眞人至。人主所居而人臣知之，則害於神。眞人者，入水不濡，入火不爇，陵雲氣，與天地久長。今上治天下，未能恬倓。願上所居宮毋令人知，然后不死之藥殆可得也。」於是始皇曰：「吾慕眞人，自謂『眞人』，不稱『朕』。」於是始皇下令「咸陽之旁二百里內，宮觀二百七十復道甬道相連，帷帳鍾鼓美人充之，各案署不移徙。行所幸，有言其處者，罪死。始皇帝幸梁山宮，從山上見丞相車騎眾，弗善也。中人或告丞相，丞相後損車騎」〔註6〕。始皇憤怒，認爲是中人宦官泄露了他的話，於是捕殺了當時在場的人。

經歷此事後，盧生與侯生密謀說：「始皇爲人，天性剛戾自用，起諸侯，并天下，意得欲從，以爲自古莫及己。專任獄吏，獄吏得親幸。博士雖七十人，特備員弗用。丞相諸大臣皆受成事，倚辨於上。上樂以刑殺爲威，天下畏罪持祿，莫敢盡忠。上不聞過而日驕，下懾伏謾欺以取容。秦法，不得兼方，不驗，輒死。然候星氣者至三百人，皆良士，畏忌諱諛，不敢端言其過。天下之事無小大皆決於上，上至以衡石量書，日夜有呈，不中呈。不得休息。貪於權勢至如此，未可爲求仙藥。」盧生發現秦始皇剛愎拒諫，專橫殘暴，於是急忙逃離隱遁於深山。秦始皇聞聽大怒，說：「盧生等，吾尊賜之甚厚，今乃誹謗我，以重吾不德也。諸生在咸陽者，吾使人廉問，或爲訞言以亂黔首。」於是「使御史悉案問諸生，諸生傳相告引，乃自除。犯禁者四百六十

〔註4〕 《史記》卷六《秦始皇本紀》。
〔註5〕 《史記》卷六《秦始皇本紀》。
〔註6〕 《史記》卷六《秦始皇本紀》。

餘人，皆阬之咸陽，使天下知之，以懲後」。〔註7〕公子扶蘇亦以爲始皇重典殘暴，擔心天下不安，勸說父親善待諸生，被始皇發配至上郡監視蒙恬。

後世或稱盧敖爲仙人，道教典籍《淮南子》記載了盧敖成仙的故事。「盧敖游乎北海，經乎太陰，入乎玄闕，至於蒙轂之上。見一士焉，深目而玄鬢，淚注而鳶肩，豐上而殺下，軒軒然方迎風而舞。顧見盧敖，慢然下其臂，遯逃乎碑。盧敖就而視之，方倦龜殼而食蛤梨。盧敖與之語曰：『唯敖爲背群離黨，窮觀於六合之外者，非敖而已乎？敖幼而好游，至長不渝。周行四極，唯北陰之未闚。今卒睹夫子於是，子殆可與敖爲友乎？』若士者齤然而笑曰：『嘻！子中州之民，寧肯而遠至此。此猶光乎日月而載列星，陰陽之所行，四時之所生。其比夫不名之地，猶窔奥也。若我南游乎岡㝃之野，北息乎沈墨之鄉，西窮冥冥之黨，東開鴻濛之先。此其下無地而上無天，聽焉無聞，視焉無眴。此其外猶有汰沃之汜。其餘一舉而千萬里，吾猶未能之在。今子游始於此，乃語窮觀，豈不亦遠哉！然子處矣，吾與汗漫期于九垓之外，吾不可以久駐。』若士舉臂而竦身，遂入雲中。盧敖仰而視之，弗見，乃止駕，止杯治，悖若有喪也。曰：『吾比夫子，猶黃鵠與壤蟲也。終日行不離咫尺，而自以爲遠，豈不悲哉！』」〔註8〕盧敖是盧氏中標明范陽郡望的第一人，也爲後世范陽盧氏族人所追溯憑弔，許多范陽盧氏墓誌中追溯先祖都上溯到了盧敖。

（二）盧綰：劉邦密友，被封燕王

盧綰（前256～前194）〔註9〕，豐人。《史記》、《漢書》均有傳。盧綰與高祖劉邦兩家世代友好，淵源很深，史載「盧綰親與高祖太上皇相愛，及生男，高祖、盧綰同日生，里中持羊酒賀兩家。及高祖、盧綰壯，俱學書，又相愛也」，可見盧綰與劉邦青少年時期友誼篤深。「高祖爲布衣時，有吏事辟匿，盧綰常隨出入上下。及高祖初起沛，盧綰以客從，入漢中爲將軍，常侍中。從東擊項籍，以太尉常從，出入臥內，衣被飲食常賜，群臣莫敢望，雖

〔註7〕　《史記》卷六《秦始皇本紀》。

〔註8〕　《淮南子》卷十二《道應訓》。

〔註9〕　盧綰與劉邦同日出生，因此考證盧綰的生年便轉化爲考證劉邦的生年，劉邦的生年問題可參看曾維華：《漢高祖劉邦生年考》，載《上海師範大學學報（哲學社會科學版）》1993年第4期。對於學界爭議的劉邦出生於公元前256年和公元前247年兩種觀點，曾文經過推斷，認爲劉邦出生於公元前256年更合理。關於盧綰卒年，《史記》卷九十三《韓信盧綰列傳》記載盧綰在高祖駕崩後「居歲餘，死胡中」，可見盧綰應在劉邦駕崩的第二年即公元前194年去世。

蕭曹等，特以事見禮，至其親幸，莫及盧綰。綰封爲長安侯。」〔註 10〕雖然蕭何、曹參等能夠因爲非凡才能和忠心耿耿而得到劉邦的禮遇，但若論親密關係都無法與盧綰相提並論。

　　漢高祖五年（前 202）七月，臧荼謀反，盧綰追隨劉邦率軍征討。擊滅臧荼後，盧綰被封爲燕王，成爲「非劉氏而王」的七位諸侯王之一。「漢五年八月，廼立盧綰爲燕王。諸侯王得幸莫如燕王。」〔註 11〕漢高祖十一年（前196）秋，「陳豨反代地，高祖如邯鄲擊豨兵，燕王綰亦擊其東北。當是時，陳豨使王黃求救匈奴。燕王綰亦使其臣張勝於匈奴，言豨等軍破」，而張勝到匈奴後卻被說服與匈奴、陳豨聯合，盧綰又派范齊出使陳豨，與之交通。高祖十二年（前195），「漢使樊噲擊斬豨。其裨將降，言燕王綰使范齊通計謀於豨所。高祖使使召盧綰，綰稱病。上又使辟陽侯審食其、御史大夫趙堯往迎燕王，因驗問左右」。盧綰愈加恐懼，謂其幸臣曰：「非劉氏而王，獨我與長沙耳。往年春，漢族淮陰，夏，誅彭越，皆呂后計。今上病，屬任呂后。呂后婦人，專欲以事誅異姓王者及大功臣。」〔註 12〕於是盧綰稱病不應召。高祖聞聽大怒，又從匈奴降者那裡獲知張勝在匈奴充當燕使，認爲「盧綰果反矣！」於是先後派樊噲、周勃將兵擊綰，但高祖劉邦念及舊情，下詔曰：「燕王綰與吾有故，愛之如子，聞與陳豨有謀，吾以爲亡有，故使人迎綰。綰稱疾不來，謀反明矣。燕吏民非有罪也，賜其吏六百石以上爵各一級。與綰居，去來歸者，赦之，加爵亦一級。」〔註 13〕盧綰本打算等高祖病好了負荊請罪，但高祖不幸去世，盧綰遂投降匈奴。史載「燕王綰悉將其宮人家屬騎數千居長城下，候伺，幸上病癒，自入謝。四月，高祖崩，盧綰遂將其眾亡入匈奴，匈奴以爲東胡盧王，綰爲蠻夷所侵奪，常思復歸。居歲餘，死胡中」。高后時，盧綰妻子投降西漢。「孝景中六年，盧綰孫他之，以東胡王降，封爲亞谷侯。」〔註 14〕

（三）盧芳：周旋於漢、匈之間

　　盧芳，字君期，生卒年月不詳，安定郡三水縣人。活動時期爲兩漢之交。《後漢書》有傳。在新莽取代西漢期間，社會動盪不安，「天下咸思漢德，芳

〔註 10〕《史記》卷九十三《韓信盧綰列傳》。
〔註 11〕《史記》卷九十三《韓信盧綰列傳》。
〔註 12〕《史記》卷九十三《韓信盧綰列傳》。
〔註 13〕《漢書》卷一下《高帝紀》。
〔註 14〕《史記》卷九十三《韓信盧綰列傳》。

由是詐自稱武帝曾孫劉文伯」，盧芳「常以是言誑惑安定間」，打著「武帝後裔」和恢復漢室的旗號，聯合三水地區的少數民族羌、胡各部落舉兵討伐王莽政權。公元 23 年，漢宗室淮陽王劉玄攻佔京都長安，同年稱帝，改元更始元年（23 年），封盧芳爲騎都尉，命令他鎮撫安定以西。更始三年（25 年），劉玄赤眉農民起義軍絞死，更始政權失敗。天下又陷入混亂，於是「三水豪傑共計議，以芳劉氏子孫，宜承宗廟，乃共立芳爲上將軍、西平王，使使與西羌、匈奴結和親」，匈奴單于以漢朝歸附匈奴，「乃使句林王將數千騎迎芳，芳與兄禽、弟程俱入匈奴，單于遂立芳爲漢帝。以程爲中郎將，將胡騎還入安定」，盧芳建都九原縣，有五原、朔方、雲中、定襄、雁門五郡。後來盧芳部下先後反叛投降東漢光武帝，盧芳又逃亡匈奴。〔註15〕

東漢光武帝建武十六年（40），「芳復入居高柳（今山西定襄縣）」，向東漢政權請降，光武帝劉秀封盧芳爲代王，盧芳上書謝恩。劉秀詔令他在第二年正月上朝拜見天子。但是，盧芳卻在當年冬就擅自入朝，到達昌平（今北京昌平）被東漢朝廷阻止。盧芳返回途中感到非常憂恐，於是再次叛漢，與妻兒逃入匈奴境內，在大漠中十餘年後病死。〔註16〕

（四）盧植：名著海內，學爲儒宗

查諸史書，在東漢盧植以前，盧姓人物寥寥，而且尚未形成大族，更不見有稱其郡望者。直至東漢盧植，范陽盧氏逐漸壯大其家族基業，人物迭出，其家族世系也清晰可辨，著成蔚爲壯觀的大族。

盧植，字子幹，涿郡涿人。《後漢書》有傳。「身長八尺二寸，音聲如鐘」。「性剛毅有大節，常懷濟世志」，年少時與鄭玄俱師從馬融，「能通古今學，好研精而不守章句」。馬融是明德皇后的親戚，家中富裕，馬融平素驕貴，講課時，有美女在堂前輕歌曼舞；盧植始終專心聽講，數年如一日，從不斜視偷看。通古今學，爲當時大儒。曾上書大將軍竇武，「武並不能用」，「州郡數命，植皆不就」。建寧中，徵爲博士，因才兼文武，拜九江太守，復徵拜議郎。後任侍中，遷尚書。光和元年，上疏諫政，陳八事，帝不納。

中平元年，「黃巾之亂」起，盧植任北中郎將，持節奉命鎮壓，「連戰破賊帥張角，斬獲萬餘人」，拒敵於廣宗一帶，未見勝負，此時漢靈帝遣宦官左豐赴戰場觀察戰情，左豐是十常侍的人馬，權傾朝野。有人勸盧植花錢賄賂

〔註15〕以上皆據《後漢書》卷一二《盧芳列傳》。
〔註16〕根據《後漢書》卷一二《盧芳列傳》。

左豐，盧植不肯，曰：「軍糧尚缺，安有餘錢奉承天使？」左豐恨之，上奏言盧植畏敵不進，靈帝大怒，用囚車押回盧植，差點處死，皇甫嵩力諫盧植有功無罪，朝廷復盧植尚書事之官。改派東中郎將董卓接替。後來盧植反對董卓議廢少帝，當場激怒了董卓，被免官，遂隱居上谷不仕。曾被冀州牧袁紹辟爲軍師。初平三年，盧植卒。

盧植是范陽盧氏的起家始祖，也是漢代曠世大儒，著有《尚書章句》、《三禮解詁》等經學著作，惜今皆亡佚。曾「與諫議大夫馬日磾、議郎蔡邕、楊彪、韓說等並在東觀，校中書《五經》記傳，補續《漢記》。」蜀漢昭烈帝劉備和有「白馬將軍」之稱的公孫瓚都出自盧植門下。〔註17〕

范曄評價盧植說：「風霜以別草木之性，危亂而見貞良之節，則盧公之心可知矣。夫蜂蠆起懷，雷霆駭耳，雖賁、育、荊、諸之論，未有不尤豫奪常者也。當植抽白刃嚴閣之下，追帝河津之間，排戈刃，赴戕折，豈先計哉？君子之于忠義，造次必於是，顛沛必於是也。」建安中，曹操北討柳城，過涿郡，告守令日：「故北中郎將盧植，名著海內，學爲儒宗，士之楷模，國之楨幹也。昔武王入殷，封商容之閭；鄭喪之產，仲尼隕涕。孤到此州，嘉其餘風。《春秋》之義，賢者之後，宜有殊禮。亟遣丞掾除其墳墓，存其子孫，並致薄醊，以彰厥德。」〔註18〕

盧植功業卓著，「以儒學顯名，勳庸濟世，沮奸兇之詐謀，扶衰漢之頹運」〔註19〕。歷代爲後人所尊崇，成爲范陽盧氏的始祖。盧植以後，范陽盧氏世系清晰，歷代高官，盧氏大族逐漸形成並佔有重要地位。

二、魏晉時期：仕途初顯

東漢盧植以後，范陽盧氏一躍而起，能人輩出，湧現出了在各個政權中效勞的股肱之臣。而這一時期范陽盧氏的世系關係史料記載也較爲詳細，《新唐書·宰相世系表》云：「秦有博士敖，子孫家于涿水之上，遂爲范陽涿人。裔孫植，字子幹，漢北中郎將。生毓，字子象，魏司空、容城成侯。三子：欽、簡、珽。欽，晉尚書僕射。珽字子笏，晉侍中尚書、廣燕穆子。三子：

〔註17〕根據《後漢書》卷六四《盧植傳》。
〔註18〕《後漢書》卷六四《盧植傳》。
〔註19〕《唐故知鹽鐵轉運鹽城監事殿中侍御史內供奉范陽盧府君墓誌銘並序》，收入周紹良主編、趙超副主編：《唐代墓誌彙編》，上海古籍出版社，1992年版，第2204頁。

浮、皓、志。志字子道，晉中書監、衛尉卿。三子：諶、謐、詵。諶字子諒，晉侍中、中書監。」據盧昂墓誌載：「盧氏之先，自營丘啓封，茱邑定氏。至秦博士敖，遂稱燕人。漢侍中植，名著海內，學爲儒宗。居涿郡，魏太祖表其地爲先賢之鄉。子毓，爲魏司空。孫斑、曾孫志、玄孫諶，皆名重晉朝，爲當代髦碩。諶曾孫玄，玄子度世，又以學行秀傑，光於元魏。」〔註20〕盧毓、盧斑、盧志、盧諶都是當時碩儒，名聲重於一時，魏晉之世重人物，而以儒學傳家的范陽盧氏爲時人所推崇。

參考《魏書》、《晉書》中有關人物列傳等材料，對魏晉時期范陽盧氏世系考證如下：

（一）盧毓一支

盧毓是盧植的兒子。《續漢書》記載盧植有四個兒子，盧毓是最小的一個，因官宦顯赫而有史傳，其他三子均未見記載。

盧毓，字子家。《新唐書・宰相世系表》謂盧毓字子象，疑有誤，今按《三國志》卷二二《魏書・盧毓傳》，取盧毓字子家。「毓十歲而孤，遇本州亂，二兄死難」。可見盧毓有兩位兄長在戰亂中死去。從此盧毓照顧寡嫂和兄長之子，在鄉里以學問和品德見稱，被推舉爲官，「文帝爲五官將，召毓署門下賊曹。崔琰舉爲冀州主簿」。曹魏建國，盧毓爲吏部郎，後徙黃門侍郎，出爲濟陰相，梁、譙二郡太守。又遷安平、廣平太守。青龍二年，入爲侍中。因盧毓「稟性貞固，心平體正，可謂明試有功，不懈于位者也」，於是下詔以盧毓爲吏部尚書。齊王即位後，賜爵關內侯。毌丘儉作亂，大將軍司馬景王出征，毓綱紀後事，加侍中。後又遷爲司空，進爵封容城侯，邑二千三百戶。兩度封侯，足見盧毓地位之顯赫。甘露二年薨，享年75歲，諡曰成侯。盧毓任吏部尚書多年，在選舉用人方面頗有才能，「於人及選舉，先舉性行，而後言才」。黃門李豐就此問盧毓，盧毓曰：「才所以爲善也，故大才成大善，小才成小善。今稱之有才而不能爲善，是才不中器也。」這才善兼備、先善後才的用人之道堪稱是精闢論斷。〔註21〕

盧毓之子盧欽，字子若，仕於西晉。「清澹有遠識，篤志經史」，魏大將軍曹爽辟爲掾，除尚書郎。曹爽被誅後，盧欽免官。後爲侍御史，襲父爵大

〔註20〕《唐故中大夫澧州刺史賜紫金魚袋范陽盧府君（昂）墓誌銘並序》，吳鋼主編：《全唐文補遺》第四輯，三秦出版社，1997年，第115頁。
〔註21〕以上皆引自《三國志》卷二二《魏書・盧毓傳》。

利亭侯，累遷琅邪太守。宣帝爲太傅，辟從事中郎，出爲陽平太守，遷淮北都督、伏波將軍，政績卓著。徵拜散騎常侍、大司農，遷吏部尚書，進封大梁侯。武帝受禪，以爲都督沔北諸軍事、平南將軍、假節，入爲尚書僕射，加侍中、奉車都尉，領吏部。盧欽爲官清貧，「歷宰州郡，不尚功名，唯以平理爲務。祿俸散之親故，不營貲產」〔註22〕。盧欽仍有其父之風，舉賢必以材，被譽爲廉平。咸寧四年卒。

盧浮，字子雲，盧欽之子。《新唐書・宰相世系表》謂盧浮爲珽之子，有誤。起家太子舍人。身體殘廢，「病疽，截手」，然而仍然受到器重，被徵爲國子博士、祭酒、祕書監，盧浮「皆不就」〔註23〕。

盧簡，盧毓次子。史書無載。

盧珽，字子笏，盧毓第三子，盧欽之弟。晉侍中尚書，廣燕穆子，衛尉卿，泰山太守〔註24〕。

盧皓，盧珽長子，史載不詳。

盧綝，盧皓之子，官至尚書郎。盧綝任尚書郎時被蠻橫霸道的尚書刁協欺負，史載：「時尚書刁協用事，眾皆憚之。尚書郎盧綝將入直，遇協於大司馬門外。協醉，使綝避之，綝不迴。協令威儀牽捽綝墮馬，至協車前而後釋。（熊）遠奏免協官。」〔註25〕

盧志，字子道，盧珽次子。「初辟公府掾、尚書郎，出爲鄴令」。西晉八王之亂時，盧志跟隨了成都王穎，穎「愛其才量，委以心膂，遂爲謀主」〔註26〕。盧志幫助成都王穎獲「四海之譽，天下歸心」。於是，封盧志爲武強侯，加散騎常侍。長沙王乂死後，穎表盧志爲中書監，留鄴，參署相府事。成都王穎死後，盧志投奔東海王越，任軍諮祭酒，遷衛尉。永嘉末，轉尚書。洛陽陷落，盧志將妻子和兒子送往并州刺史劉琨處避難，盧志在陽邑爲劉粲所俘虜，與次子盧謐、盧詵等遇害於平陽。

盧諶，盧志長子，字子諒，生於晉武帝太康五年。《元和姓纂》謂「諶」爲「謀」，而多數文獻皆作「諶」。《晉書》本傳載盧諶「清敏有理思，好《老》、《莊》，善屬文」，是當時著名的文學家。州舉秀才，辟太尉掾。洛陽傾覆以

〔註22〕《晉書》卷四四《盧欽傳》。
〔註23〕《晉書》卷四四《盧欽附盧浮盧珽傳》。
〔註24〕《晉書》卷四四《盧欽附盧浮盧珽傳》。
〔註25〕《晉書》卷七一《熊遠傳》。
〔註26〕《晉書》卷四四《盧欽附盧志傳》。

後，跟隨父親盧志投靠劉琨，均爲劉粲所俘虜，其父其弟皆被劉聰殺害，盧諶幸免。後來劉琨規整殘餘部隊，又引猗盧騎兵打敗了劉粲，盧諶重又歸附劉琨。劉琨爲司空，以諶爲主簿，轉從事中郎。琨妻即諶之從母，因此對盧諶既非常疼愛，又重其才華。建興末，盧諶隨劉琨投靠割據幽州的段匹磾。段匹磾自領幽州，取盧諶爲別駕。段匹磾敗亡後，盧諶投靠了遼西的段末波，累徵爲散騎中書侍郎，而爲段末波所留，沒有南渡遷徙。段末波死後，弟遼代立，盧諶「流離世故且二十載」。石季龍破遼西，盧諶爲石季龍所得，入仕後趙，累任中書侍郎、國子祭酒、侍中、中書監。「屬冉閔誅石氏，湛隨閔軍，於襄國遇害，時年六十七，是歲永和六年也」。另有記載：東晉「元帝之初，累召爲散騎中書侍郎，不得南赴。永和六年，卒於胡（胡）中，子孫過江。妖賊帥盧循，諶之曾孫。」〔註 27〕這表明，盧諶曾被東晉政權徵召，授官散騎中書侍郎，但沒能赴任，而在永和六年（350）被胡人殺害。盧諶沒有攜家南渡，而其子孫成爲過江南渡的一支。

盧諶滿腹才華，卻生不逢時，一生顚沛流離，艱難坎坷，史載盧諶乃「名家子，早有聲譽，才高行潔，爲一時所推。值中原喪亂，與清河崔悅、穎川荀綽、河東裴憲、北地傅暢並淪陷非所，雖俱顯于石氏，恒以爲辱」。諶每謂諸子曰：「吾身沒之後，但稱晉司空從事中郎爾。」〔註 28〕從此可見，盧諶對於在石趙胡人政權做官引以爲恨，告誡後人自己死後以晉司空從事中郎相稱。

綜上，將魏晉時期的范陽盧氏譜系製作成下表：

表三：魏晉時期范陽盧氏世系

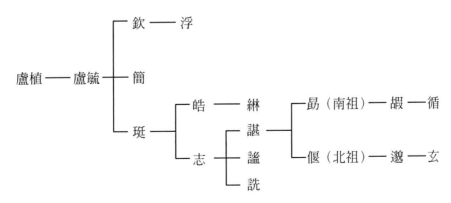

〔註 27〕《三國志》卷二二《魏書‧盧毓傳》注引《諶別傳》。
〔註 28〕以上皆根據《晉書》卷四四《盧欽附盧諶傳》。

（二）盧洪一支

除了盧毓支系外，搜尋史料，發現在曹魏政權中有一個叫盧洪的，任校事，頗有權勢，作威作福，然而正史無其傳。曹操所以設置校事一職，就為了廣耳目，刺隱秘，這和他的詭詐殘忍、善用權謀的性格正相符合。同為校事頭目的除了盧洪外還有趙達，他們情報靈通，身手輕捷，對主人絕對忠誠，主人也給他們以特殊的權力，可以為所欲為，然而朝廷的正常的職權也給他們破壞了。曾有尚書郎徐邈私飲至大醉，違反曹操禁酒令，趙達問他官府的事，徐邈答道：「中聖人。」趙達向曹操告發，重點不在徐邈飲酒違禁，卻在「中聖人」三字上做文章，使曹操以為徐邈諷刺他。其實徐邈只是用《左傳》「焉用聖人，我將飲酒而已」之語，且是醉後言語。趙達的告發惹得曹操甚為不滿，準備懲治徐邈。後經鮮于輔為他諸多辯解，方得免刑。〔註29〕法曹掾高柔對校事盧洪、趙達監察官吏早有不同的意見，他說：「設官分職，各有所司。今置校事，既非居上信下之旨。又（趙）達等數以憎愛擅作威福，宜檢治之。」曹操仍為之祖護，說：「卿知達等，恐不如吾也。要能刺舉而辨眾事，便賢人君子為之，則不能也。」〔註30〕曹操明知檢事擅權，卻認為非此不能檢治官吏。而直到趙達等為惡至極，曹操才醒悟過來，把他殺掉。當時流傳有這樣的諺語：「不畏曹公，但畏盧洪，盧洪尚可，趙達殺我。」〔註31〕這就反映了他們罪惡昭彰的可怖面目。

（三）盧播一支

盧播，史書無傳。世系也不清楚，正史裏記錄盧播有文集，「晉尚書《盧播集》一卷」〔註32〕，可知盧播在西晉官至尚書。但是身居如此高位，為何《晉書》無傳呢？因史料有限不得而知。另有幾則材料說明盧播是一名帶兵打仗的將軍，史載：

> 元康七年（297）正月，周處、盧播等復敗，關西震亂。〔註33〕

> （永寧元年）301 夏四月，歲星畫見。同將何勗、盧播擊張泓
> 於陽翟，大破之，斬孫輔等。辛酉，左衛將軍王輿與尚書、淮陵王

〔註29〕《三國志》卷二七《魏書·徐邈傳》。
〔註30〕《三國志》卷二四《魏書·高柔傳》。
〔註31〕《太平御覽》卷二四一「職官」引《魏略》。
〔註32〕《隋書》卷三五《經籍志四》。
〔註33〕《宋書》卷三一《五行志二》。

濰勒兵入宮，禽倫黨孫秀、孫會、許超、士猗、駱休等，皆斬之。
逐倫歸第，即日乘輿反正。〔註34〕

> 時賊屯梁山，有眾七萬，而駿逼處以五千兵擊之。（周）處曰：
> 「軍無後繼，必至覆敗，雖在亡身，爲國取恥。」肜復命處進討，
> 乃與振威將軍盧播、雍州刺史解系攻萬年於六陌。將戰，處軍人未
> 食，肜促令速進，而絕其後繼。處知必敗，賦詩曰：「去去世事已，
> 策馬觀西戎。藜藿甘梁黍，期之克令終。」言畢而戰，自旦及暮，
> 斬首萬計。弦絕矢盡，播、系不救。〔註35〕

由上述史料大略可知，盧播爲西晉武帝、惠帝時期的一員武將，官封振威將
軍。該盧播與尚書盧播是否爲同一人，因史料闕如尚無法斷定。

總體來看，自東漢盧植以儒學顯，范陽盧氏傳承家學，崇尚經術，在文
化上佔據優勢地位，在仕宦上也相應地出任高官。魏晉時期范陽盧氏已經開
始活躍於政治舞臺，盧毓、盧欽、盧珽、盧志、盧諶等人在仕宦上的努力爲
北朝范陽盧氏的政治高峰奠定了堅實的基礎。

〔註34〕《晉書》卷四《惠帝紀》。
〔註35〕《晉書》卷五八《周處傳》。

第四章　永嘉亂後的范陽盧氏

　　西晉經過「八王之亂」、自然災害和大瘟疫造成了流民遷徙，也削弱了統治力量。趁流民起義、西晉內亂自顧不暇之際，內遷的各少數民族上層起兵反晉，即「五胡亂華」。永嘉、建興年間，匈奴貴族劉淵、劉曜父子率眾南下，先陷洛陽，繼陷長安，擄晉愍帝至平陽，西晉遂亡，各少數民族紛紛建立政權。其時中原塗炭，北方大族紛紛攜宗族部曲南渡，「洛京傾覆，中州士女避亂江左者十六七」〔註1〕，「中原冠帶，隨晉過江者百餘家」〔註2〕。南遷大族與江南土著士族聯合，形成了東晉南朝典型的門閥政治。永嘉亂後，范陽盧氏大部分成員滯留在北方，「盧氏家族基本上是作爲一個宗族整體活動於北方，在范陽及幽州地區具有自身的土著根基和宗族利益」〔註3〕。范陽盧氏家族成員中只有盧諶被胡人殺害以後，其後代渡江南遷。盧諶後裔南渡晚於其他士族，而且盧氏主體仍在北方，因此南渡盧氏在南朝的發展步履維艱，政治上仕宦不顯，無法與王謝顧陸等大族分一杯羹，經濟上也是客居他鄉，勉強度日。

　　而一些未來得及南遷或無處可遷的士族，則滯留北方，政治上逐漸投靠了胡族政權，艱難地維持著世家大族的地位。范陽盧氏家族，面對胡族來犯，自身生存面臨危機，也曾據鄉里抵抗少數民族的侵略和屠殺，後來隨著局勢的緩和，胡漢開始聯合。因後燕政權控制了范陽一帶，故范陽盧氏大都投靠

〔註1〕　《晉書》卷六五《王導傳》。
〔註2〕　《北齊書》卷四五《顏之推傳》。
〔註3〕　陳爽:《世家大族與北朝政治》，中國社會科學出版社，1998年12月版，第4頁。

了後燕慕容氏政權〔註4〕。這一時期，只有盧偃、盧邈、盧晏等人見諸史籍，在後燕任郡守一級官吏，盧偃爲營丘太守，盧邈爲范陽太守。十六國時期政權更迭頻繁，戰亂不斷，范陽盧氏的政治地位朝不保夕，家族成員名位不顯，各支結盟自保，組成塢堡。各個政權走馬燈似的來回交替，盧氏族人也經歷了一段血雨腥風的戰亂年代。直至北魏，盧玄「首應旌命」，應召入仕，范陽盧氏走向了政治上的鼎盛時期。

一、東晉末年的暴動和起義

西晉王朝滅亡後，中國再次陷入分裂混亂時期，匈奴、鮮卑、羯、氐、羌等北方少數民族入侵，紛紛建立割據政權；南方鎮守建康（今江蘇南京）的晉宗室司馬睿於317年在江南重建晉室，史稱東晉。

如前所述，永嘉之亂後范陽盧氏的主體仍留在北方，而只有盧諶的後人戰亂中迫於形勢渡江南遷，成爲范陽盧氏的南方宗支。大批北方人口南遷，造成了南方生存壓力增大，而且北方士族分割了南方士族的生存空間和權力空間，於是南北士族之間的矛盾不可避免。不僅如此，北方士族內部因渡江早晚不一，命運迥異。跟隨晉室南渡的琅琊王氏、穎川庾氏、陳郡謝氏等僑姓士族憑藉擁立司馬睿之功早已在南方立足，並在東晉政權中高居顯位，而范陽盧氏等晚渡士族政治地位、社會地位都比較低，躋身統治階層的難度加大，往往受到歧視，在南方處於邊緣地位。所以，南北士族之間、渡江先後士族之間、士族與皇權之間矛盾重重，在這種矛盾交織下，鬥爭和反抗也就開始了。東晉時期范陽盧氏就充當了這種反叛者的角色。

（一）盧竦的宮廷暴動

盧竦，亦作盧悚，因「竦」與「悚」同，有些史料作「盧悚」。世系不清，史料中散見記載。陳寅恪先生認爲「盧悚者即盧循同族」。〔註5〕只有少量幾則史料記載他們曾入宮殿發動暴動，抄錄如下：

〔註4〕 陳爽認爲：「永嘉之亂後，范陽盧氏歷經坎坷，備嘗艱辛，其動向有兩點可資注意：（1）盧氏家族基本上是作爲一個宗族整體活動的，父子兄弟共同效忠於同一政權。（2）盧氏家族的活動範圍，基本上不出幽州轄境，所投靠的政治勢力，多爲幽州的實際控制者，這種情況當與盧氏在這一地區的特殊利益有關。」見陳爽著：《世家大族與北朝政治》，中國社會科學出版社，1998年，第83～84頁。

〔註5〕 《陳寅恪魏晉南北朝史講演錄》，萬繩楠整理，黃山書社，1987年4月版，2000年12月重印，第163頁。

徐州小吏盧悚與其妖眾男女二百，向晨攻廣莫門，詐言海西公還，由萬春、雲龍門入殿，略取三廟及武庫甲仗。時門下軍校並假兼，在直吏士駭愕不知所為。游擊將軍毛安之先入雲龍門討悚，中領軍桓祕、將軍殷康止車門入，會兵攻之，斬五十六級，捕獲餘黨，死者數百人。〔註6〕

（咸安二年）372 十一月，妖賊盧悚遣弟子殿中監許龍晨到其門，稱太后密詔，奉迎興復。帝初欲從之，納保母諫而止。龍曰：「大事將捷，焉用兒女子言乎？」帝曰：「我得罪於此，幸蒙寬宥，豈敢妄動哉！且太后有詔，便應官屬來，何獨使汝也？汝必為亂。」因叱左右縛之，龍懼而走。〔註7〕

簡文帝咸安元年（371）十二月壬午，濤水入石頭。明年，妖賊盧悚率其屬數百人入殿，略取武庫三庫甲仗，游擊將軍毛安之討滅之，兵興陰盛之應也。〔註8〕

咸安二年（372）五月丁未，太白犯天關。占曰：「兵起。」六月，庾希入京城。十一月，盧悚入宮。並誅滅。〔註9〕

孝武帝初即位，妖賊盧悚入宮，（桓）祕與左衛將軍殷康俱入擊之。溫入朝，窮考悚事，收尚書陸始等，罹罪者甚眾。〔註10〕

盧悚自稱先生，常從弟子三百餘人。嵩以白桓溫，悚協東治老木之精，衒惑百姓，比當逼突宮闕，然後乃死耳。咸安中，悚夜半從男女數百人直入宮，稱海西復位，一時間官軍誅剿，溫方歎伏。〔註11〕

（咸安二年）十一月甲午，妖賊盧悚晨入殿庭，游擊將軍毛安之等討擒之。〔註12〕

對比以上幾則材料，不難發現其所述為同一事情，即東晉咸安二年（372）十

〔註6〕《魏書》卷九六《僭晉司馬叡傳》。

〔註7〕《晉書》卷八《海西公》。

〔註8〕《晉書》卷二七《五行上》。

〔註9〕《宋書》卷二五《天文三》。

〔註10〕《晉書》卷七四《桓彝附豁弟祕列傳》。

〔註11〕《雲笈七籤》卷一一一《紀傳部・傳九》。

〔註12〕《晉書》卷九《孝武帝紀》。

一月，宮廷發生了一次暴動，以徐州小吏盧悚爲首，「稱太后密詔，奉迎興復」，被廢帝司馬奕識破，游擊將軍毛安之、中領軍桓秘、衛將軍殷康入而擊之。

（二）盧循起義

孫恩盧循起義是東晉歷史上一次較大規模的起義，持續十餘年之久。《晉書》卷一〇〇《孫恩盧循列傳》以及《南史》卷一《武帝本紀》對孫恩盧循起義著墨不少，今據此加以論述。

盧循，字于先，小名元龍。「司空從事中郎諶之曾孫也」，是盧諶的曾孫，其父名盧嘏。盧循的其它世系尚難以摸清。盧循「雙眸冏徹，瞳子四轉，善草隸弈棋之藝」。盧循幼年聰慧，身懷書法棋藝之技，慧遠和尚見其書法，謂之「雖體涉風素，而志存不軌」〔註13〕，暗示盧循將來會走上不軌之路。

盧循是孫恩的妹夫，於東晉末參與孫恩起兵，孫恩在一次登陸作戰中失利，兵敗投水自殺，餘眾數千人公推盧循爲首領繼續領導鬥爭。元興二年（403），盧循率兵進攻東陽、永嘉和晉安一帶，劉裕率大軍鎮壓，盧循抵擋不住，於是浮海南下。次年十月，盧循破番禺（今廣東廣州市），驅逐了廣州刺史吳隱之，自稱平南將軍。當時東晉朝廷剛剛平定了桓玄之亂，內憂外患，應接不暇，於是對盧循採取羈縻政策，封盧循「征虜將軍、廣州刺史、平越中郎將」。盧循、徐道覆爲緩兵之計，表面上接受朝廷官號並遣使獻貢，但同時派人到南康大庾嶺（今江西贛州西南）一帶伐木，作了四五年之久的戰備，秘密準備北伐船隻。義熙六年（410年）二月，劉裕北伐南燕慕容超，徐道覆建議盧循乘東晉後方空虛之機，分兩路北上。一路由盧循率領越五嶺，經長沙、巴陵直指江陵。一路由徐道覆率領直下盧陵、豫章，大敗官兵，殺江州刺史何無忌。盧、徐即合兵東下，五月，在桑洛洲大敗東晉衛將軍劉毅，軍抵淮口，直逼建康。此時義軍戰士十餘萬，舳艫千計，樓船高達12丈，舟車百里不絕，聲勢浩大，東晉朝廷一片慌亂，劉裕星夜班師回朝，倉促應戰。徐道覆主張自新亭至白石焚舟而上，立即登陸與劉裕決戰，盧循多疑少決，總求萬全完美之計，致使大軍回泊蔡洲，坐以待斃，貽誤戰機，徐道覆喟歎曰：「我終爲盧公所誤，事必無成。使我得爲英雄驅馳，天下不足定也！」劉裕看盧循軍隊未有登陸決戰，遂集中兵力，周密部署，遣輔國將軍王仲德追殺欲退回尋陽的盧循，同時派建威將軍孫處自海道襲擊盧循的老巢番禺。十

〔註13〕《晉書》卷一〇〇《盧循傳》。

月，徐道覆西攻江陵，不利。十二月，盧循與晉軍在大雷、左里相繼展開死戰，損失慘重，南退番禺，但此時番禺已被孫處搶先佔領。

義熙七年（411 年），徐道覆在始興兵敗被殺。盧循久攻番禺不下，轉往交州。此時交州刺史杜瑗病亡，朝廷有詔令其子杜慧度襲職，慧度尚未接詔，盧循已襲破合浦，逕向交州而去。慧度悉散家財，號召中州文武 6000 人於龍編應戰，一舉擊敗盧循，盧循見大勢已去，以酒毒死妻妾十餘人，然後投水自殺。交州刺史杜慧度尋得盧循及其父盧嘏屍身，把首級割下，再加上李脫等七人的頭顱，用小箱子精緻包裝，送往都城建康。〔註14〕

東晉末年孫恩、盧循領導的反晉鬥爭波瀾壯闊，規模宏大，波及數十萬人和長江中下游廣大地區，持續 12 年，歷來被史家認為是一次農民起義。但結合當時的歷史條件以及東晉的階級關係仔細分析，就會發現孫恩盧循的鬥爭其實質並不是一場農民反抗殘酷統治的揭竿起義，而是包括范陽盧氏家族在內的失勢士族爭取政治地位的鬥爭〔註15〕。陳寅恪先生即認為孫恩盧循之亂是以五斗米道為凝聚力量和思想工具的隱伏於朝野的大勢力發動的起兵叛亂，「五斗米道向士族特別是向皇室中心人物傳播成功之日，也就是五斗米道的教主及上層人物（多半是如同陸瓌、謝鍼等士族人物）最理想的發動叛亂之時」。〔註16〕在這次鬥爭中，北方大族王氏、謝氏、袁氏，南方大

〔註14〕參考《晉書》卷一〇〇《孫恩盧循列傳》、《宋書‧武帝本紀》。

〔註15〕關於孫恩盧循起義的性質，上個世紀 80 年代以前學界曾有過熱烈爭論，主要是由於受特殊時期史觀的影響，強調階級鬥爭，於是有不少學者堅持認為這是一場農民起義，如王仲犖、董家遵、劉靜夫、梁贊英等人，另有一些學者認為這是一場地主階級內部士族之間的鬥爭，如楊家友、楊偉立、賴紅衛等，還有人認為前期孫恩領導的是農民起義，後期盧循發展為士族鬥爭，如張中民、關治中、王克西等。見蕭耦：（王仲犖先生筆名）：《東晉末年的孫恩盧循起義》，載《文史哲》1955 年第 12 期。董家遵：《關於孫恩、盧循起義的性質問題》，《學術研究》1963 年第 6 期。劉靜夫：《讀〈關於孫恩盧循起兵的性質〉——與楊偉立同志商榷》，《歷史教學》1964 年第 5 期。梁贊英：《略論孫恩、盧循起義的性質》，《浙江師範學院學報》1983 年第 2 期。楊家友：《試論孫恩、盧循起事的性質》，《天津社會科學》1986 年第 5 期。楊偉立：《關於孫恩盧循起兵的性質》，《歷史教學》1963 年第 5 期。賴紅衛：《重論孫恩、盧循起兵的性質》，《東嶽論叢》1997 年第 1 期。張中民：《盧循領導的活動不是農民起義——與劉靜夫同志商榷》，《歷史教學》1965 年第 7 期。關治中、王克西：《東晉末年盧循集團的性質》，《渭南師專學報》1989 年第 4 期。

〔註16〕《陳寅恪魏晉南北朝史講演錄》，萬繩楠整理，黃山書社，1987 年 4 月版，2000 年 12 月重印，第 169 頁。

族張氏、顧氏、孔氏、虞氏等都遭到孫恩盧循武裝的沉重打擊，如王凝全家被殺，謝邈家「合門遇禍，資產無遺」。這就說明這些當權的顯貴士族也是孫恩盧循的打擊對象。前輩史家范文瀾先生也認為，這不是一次真正意義上的農民戰爭，而是大族內部失勢的士族與得勢的士族之間的鬥爭，「孫恩在敗逃入海以前，多少還算是率領農民起義，盧循則完全是五斗米道作亂」〔註17〕。前文已述，東晉是晉室南渡後在幾個世家大族的擁立支持下建立的政權，極不穩固，自建立起就充滿了各階層之間的矛盾，士庶之間、南北士族之間、渡江早晚士族之間、士族與皇權之間都有矛盾，402 年桓玄的叛亂和孫恩盧循的動亂都是幾種矛盾不可調和的結果。從這次鬥爭的實質來看，它反映了范陽盧氏等晚渡士族對自身的政治和社會地位不滿而做出的鬥爭和努力；從這次鬥爭的結果來看，它反映了范陽盧氏等晚渡士族在南方爭取地位和權力的失敗。究其根源，則是范陽盧氏離開了北方本望鄉里，失去了鄉里的支持，在南方既沒有取得政權的信任和庇護，又沒有建立起范陽盧氏的僑居郡望，客居他鄉，喪失了經濟來源和地緣優勢。世家大族在本鄉本土聚族而居，憑藉鄉里政權和家族人物的仕宦以及顯赫的姻親關係，會使其家族勢力得到鞏固和維繫，而一旦脫離了鄉里和本望，就喪失了許多有利條件，而且范陽盧氏家族的主體仍在北方，渡江南下的僅僅是盧諶子孫一個支系，在南方尚未站穩腳跟，這是范陽盧氏在南方斗爭失敗的主要原因。

二、南朝范陽盧氏若干人物的活動

從僅有史料來看，渡江南下的范陽盧氏都是盧諶後裔，南渡的人數較少，且官宦不顯，史籍中關於南朝范陽盧氏的記載鳳毛麟角，致使本文對南朝范陽盧氏的考察較為困難，這裡僅就史料記載的個別人物的情況略作考證。

（一）盧紹之

盧紹之，南齊高帝時任輔國將軍，青、冀二州刺史。無傳。據《南齊書》記載：

> （建元二年）秋七月甲寅，以輔國將軍盧紹之為青、冀二州刺
> 史。戊午，皇太子妃裴氏薨。閏月辛巳，遣領軍將軍李安民行淮、

〔註17〕 范文瀾：《中國通史》第二冊，人民出版社，1994 年版，第 465～466 頁。曹
永年也支持范文瀾觀點，見《試論東晉末年農民起義的變質》，《歷史研究》
1965 年第 2 期。

泗。庚寅，索虜攻朐山，青、冀二州刺史盧紹之等破走之。〔註18〕

　　（建元二年），（周山圖）進號輔國將軍。其秋，虜動，上策虜
　　必不出淮陰，乃敕山圖曰：「知卿綏邊撫戎，甚有次第，應變算略，
　　悉以相委。恐列醜未必能送死，卿丈夫無可藉手耳。」虜果寇朐山，
　　為玄元度、盧紹之所破。虜於淮陽。〔註19〕

盧紹之曾率領南齊軍隊與北魏拓跋宏交戰，據記載，建元年間，拓跋宏「又
遣偽南部尚書托跋等向司州，分兵出兗、青界，十萬眾圍朐山，戍主玄元度
嬰城固守。青冀二州刺史盧紹之遣子奐領兵助之。城中無食，紹之出頓州南
石頭宋，隔海運糧柴供給城內。虜圍斷海道，緣岸攻城，會潮水大至，虜漳
溺，元度出兵奮擊，大破之。臺遣軍主崔靈建、楊法持、房靈民萬餘人從淮
入海，船艦至夜各舉兩火，虜眾望見，謂是南軍大至，一時奔退」，北朝拓跋
氏部隊撤退後，「上議加封爵，元度歸功於紹之，紹之又讓，故竝見寢。上乃
擢紹之為黃門郎。鬱州呼石頭亭為平虜亭。紹之字子緒，范陽人，自云盧諶
玄孫。宋大明中，預攻廣陵，動上，紹之拔迹自投，上以為州治中，受心腹
之任。官至光祿大夫。永明八年，卒」〔註20〕。這則材料交代了盧紹之的身
世，謂紹之乃盧諶之玄孫，由青冀二州刺史官至黃門郎，再至光祿大夫，死
於永明八年（490），並且可以知曉盧紹之有子名叫盧奐。

（二）盧度

　　盧度，乃南齊一隱士，隱居在三顧山，據傳有道術在身，會做法。正史
無傳。史載：「始興人盧度，亦有道術。少隨張永北征。永敗，虜追急，阻淮
水不得過。度心誓曰：『若得免死，從今不復殺生。』須臾見兩楯流來，接之
得過。後隱居西昌三顧山，鳥獸隨之。夜有鹿觸其壁，度曰：『汝壞我壁。』
鹿應聲去。屋前有池養魚，皆名呼之，魚次第來，取食乃去。逆知死年月，
與親友別。永明末，以壽終。」〔註21〕從這僅有史料可知，盧度曾隨南齊張
永率領的軍隊北征，戰敗後，被阻於淮水，得到頓悟，隨後隱居在西昌三顧
山。該史料記述盧度被阻於淮水頓悟得救一事略顯荒誕，體現出魏晉史學編
纂之特點。

〔註18〕《南齊書》卷二《高帝本紀下》。
〔註19〕《南齊書》卷二九《周山圖傳》。
〔註20〕《南齊書》卷五七《魏虜傳》。
〔註21〕《南齊書》卷五四《高逸列傳顧歡傳》。

（三）盧廣

盧廣，盧諶之後。活動時間約在南朝梁天監年間，其傳記曰：「盧廣，范陽涿人，自云晉司空從事中郎諶之後也。諶沒死冉閔之亂。晉中原舊族，諶有後焉。廣少明經，有儒術。天監中歸國。初拜員外散騎侍郎，出爲始安太守，坐事免。頃之，起爲折衝將軍，配千兵北伐，還拜步兵校尉，兼國子博士，徧講五經。時北來人儒學者有崔靈恩、孫詳、蔣顯，並聚徒講說，而音辭鄙拙；惟廣言論清雅，不類北人。僕射徐勉，兼通經術，深相賞好。尋遷員外散騎常侍，博士如故。出爲信武桂陽嗣王長史、尋陽太守。又爲武陵王長史，太守如故，卒官。」〔註22〕由此可知，盧廣南梁朝天監年間渡江南下，曾官拜員外散騎侍郎、始安太守，因犯事而被罷免。不久任折衝將軍，率領千餘兵北伐，拜步兵校尉，兼國子博士，遍講五經。後又出任信武桂陽嗣王長史、尋陽太守、武陵王長史，盧廣是范陽盧氏在南朝發展較好的代表人物。

南北朝時，學術上南北學風不同，南學、北學分歧已較爲顯著，「大抵南北所爲章句，好尚互有不同。江左，《周易》則王輔嗣，《尙書》則孔安國，《左傳》則杜元凱。河洛，《左傳》則服子愼，《尙書》、《周易》則鄭康成，《詩》則並主於毛公，《禮則》同尊於鄭氏。南人簡約，得其英華；北學深蕪，窮其枝葉。」〔註23〕盧廣是北方世家大族出身，通經達儒，雖然長期生活在南方，但言談舉止、經術學問亦帶有北方學術特點，與南方學風迥異。據《謝舉傳》載：謝舉「少博涉多通，尤長玄理及釋氏義。爲晉陵郡時，常與義僧遞講經論，徵士何胤自虎丘山赴之，其盛如此。先是，北渡人盧廣有儒術，爲國子博士，於學發講，僕射徐勉以下畢至。舉造坐，屢折廣，辭理通邁，廣深歎服，仍以所執塵尾薦之，以況重席焉。」〔註24〕此處，記載了南朝擅長「玄理及釋氏義」的謝舉在講經論道會講中責難盧廣，而且「辭理通邁」，盧廣深爲歎服。

〔註22〕《梁書》卷四八《儒林傳》，《南史》卷七一《儒林傳》亦有其傳，與此同。
〔註23〕《北史》卷八一《儒林傳序》；又見《隋書》卷七五《儒林列傳序》；《世說新語‧文學第四》云：褚季野語孫安國云：「北人學問，淵綜廣博。」孫答曰：「南人學問，清通簡要。」支道林聞之曰：「聖賢固所忘言。自中人以還，北人看書，如顯處視月；南人學問，如牖中窺日。」《北史》、《隋書》皆本於此。
〔註24〕《梁書》卷三七《謝舉傳》。

（四）盧安興

　　盧安興是南朝梁人，官至廣州刺史、南江督護〔註25〕。梁大同中，「（杜）僧明與兄天合及周文育，並爲安興所啓，請與俱行。頻征俚、獠有功，爲新州助防。天合亦有材幹，預在征伐。安興死，僧明復副其子子雄。及交州土豪李賁反，逐刺史蕭諮，諮奔廣州，臺遣子雄與高州刺史孫冏討賁。時春草已生，瘴癘方起，子雄請待秋討之，廣州刺史新渝侯蕭映不聽，蕭諮又促之，子雄等不得已，遂行。至合浦，死者十六七，眾並憚役潰散，禁之不可，乃引其餘兵退還。蕭諮啓子雄及冏與賊交通，逗留不進，梁武帝敕於廣州賜死。子雄弟子略、子烈並雄豪任俠，家屬在南江」。盧子雄被蕭諮冤枉致死，群情激怒，杜天合召集部眾說：「盧公累代待遇我等亦甚厚矣，今見枉而死，不能爲報，非丈夫也。我弟僧明萬人之敵，若圍州城，召百姓，誰敢不從。城破，斬二侯祭孫、盧，然後待臺使至，束手詣廷尉，死猶勝生。縱其不捷，亦無恨矣。」部眾爲士氣所感染，慷慨激昂：「是願也，唯足下命之。」於是與周文育等率眾結盟，以盧子雄之弟盧子略爲主，以攻刺史蕭映。「（盧）子略頓城南，（杜）天合頓城北，僧明、文育分據東西。吏人並應之，一日之中，眾至數萬。陳武帝時在高要，聞事起，率眾來討，大破之，殺天合。生擒僧明及文育等，並釋之，引爲主帥」〔註26〕。另有類似記載曰：「臺遣高州刺史孫冏、新州刺史盧子雄將兵擊之，冏等不時進，皆於廣州伏誅。子雄弟子略與冏子侄及其主帥杜天合、杜僧明共舉兵，執南江督護沈顗，進寇廣州，晝夜苦攻，州中震恐。高祖率精兵三千，卷甲兼行以救之，頻戰屢捷。天合中流矢死，賊眾大潰，僧明遂降。」〔註27〕

　　由以上材料可知，盧安興有三子：子雄、子略、子烈。盧子雄，官居新州刺史，時值交州土豪李賁反叛，交州刺史蕭諮到達廣州，派遣盧子雄與高州刺史孫冏討伐李賁。子雄認爲當時「春草已生，瘴癘方起」，請求待秋後進軍討伐，蕭諮不從，命令進軍，結果士兵死亡大半，蕭諮又誣陷子雄與賊寇私通，被梁武帝於廣州賜死。杜天合、杜僧明兄弟聯合盧子雄之弟子略、子烈舉兵，爲盧子雄報仇，進攻廣州刺史新渝侯蕭映，結果兵敗。

〔註25〕《南史》卷六六《杜僧明傳》。
〔註26〕《陳書》卷八《杜僧明傳》。
〔註27〕《陳書》卷一《高祖本紀》。《南史》卷九《陳高祖本紀》的記載與此同。

（五）盧暉略

盧暉略，世系不知。爲侯景手下一位將領，侯景敗後，盧暉略舉石頭城投降王僧辯。史載：

> （太清二年十一月），（侯）景又攻東府城，設百尺樓車，鉤城堞盡落，城遂陷。景使其儀同盧暉略率數千人，持長刀夾城門，悉驅城內文武躶身而出，賊交兵殺之，死者二千餘人。南浦侯推是日遇害。景使正德子見理、儀同盧暉略守東府城。〔註28〕

> （大寶元年七月），（侯）景以秦郡爲西兗州，陽平郡爲北兗州。任約、盧暉略攻晉熙郡，殺鄱陽世子嗣。……（景二年三月）景以盧暉略守石頭，紇奚斤守捍國城，悉逼百姓及軍士家累入臺城內。……王僧辯等進營於石頭城北，景列陣挑戰。僧辯率眾軍奮擊，大破之。侯子鑒、史安和、王僧貴各棄柵走。盧暉略、紇奚斤並以城降。〔註29〕

> （侯）景自出戰於石頭城北，僧辯等大破之。盧暉略聞景戰敗，以石頭城降。僧辯引軍入據之。景走朱方，僧辯命眾將入據臺城。其夜軍人失火燒太極殿及東西堂。僧辯雖有滅賊之功，而馭下無法，軍人鹵掠，驅逼居人。都下百姓父子兄弟相哭，自石頭至於東城，被執縛者，男女裸露，袒衣不免。緣淮號叫，翻思景焉。〔註30〕

> 賊偽儀同范希榮、盧暉略尚據溢城，及僧辯軍至，希榮等因挾江州刺史臨城公棄城奔走。……盧暉略聞景戰敗，以石頭城降，僧辯引軍入據之。〔註31〕

> （侯）景三公之官，動置十數，儀同尤多。或匹馬孤行，自執羈紲。以宋子仙、郭元建、張化仁、任約爲佐命元功，並加三公之位；王偉、索超世爲謀主；于子悅、彭儁主擊斷；陳慶、呂季略、盧暉略、于和、史安和爲爪牙：斯皆尤毒於百姓者。其餘王伯醜、任延和等復有數十人。〔註32〕

〔註28〕 《梁書》卷五六《侯景傳》，又見《南史》卷八〇《賊臣傳》。
〔註29〕 《梁書》卷五六《侯景傳》。
〔註30〕 《南史》卷六三《王神念附子僧辯傳》。
〔註31〕 《梁書》卷四五《王僧辯傳》。
〔註32〕 《南史》卷八〇《賊臣傳》。

侯景之亂是南朝梁武帝太清二年（548）八月，由東魏降將侯景勾結京城守將蕭正德發動的叛亂，社會危害極大。侯景攻陷南京東府城後，盧暉略率數千人持長刀守城門。侯景被王僧辯打敗後，盧暉略打開城門，舉石頭城投降王僧辯。

三、十六國北朝范陽盧氏世系考

　　西晉末年，天下大亂，群雄並起，以匈奴、羯、鮮卑、羌及氐爲主的西北游牧民族紛紛南下中原，乘機割據一方，先後建立「十六國政權」，即五涼（前、後、南、西、北）、四燕（前、後、南、北）、三秦（前、後、西）、二趙（前、後），一成漢，一夏，史稱「五胡十六國」時期。從公元304年匈奴貴族劉淵建立漢國，316年滅掉西晉，到439年鮮卑拓跋部統一北方，這100多年裏，北方各民族相互爭戰，割據混亂，社會經濟生活舉步維艱。北方衣冠士族紛紛舉族南遷，渡江避亂自保。如前所述，范陽盧氏見諸史籍的只有盧諶後人渡江南下〔註33〕，其餘范陽盧氏各房支，面對胡族來犯，自身生存面臨危機，也曾據鄉里抵抗少數民族的侵略和屠殺，後來隨著局勢的緩和，胡漢開始聯合。因後燕政權控制了范陽一帶，故范陽盧氏大都投靠了後燕慕容氏政權。這一時期，只有盧偃、盧邈、盧晏等人見諸史籍，在後燕任郡守一級官吏，盧偃爲營丘太守，盧邈爲范陽太守。十六國時期政權更迭頻繁，戰亂不斷，范陽盧氏的政治地位朝不保夕，家族成員名位不顯，各支結盟自保。各個胡族政權走馬燈似的幾度更替，范陽盧氏族人也經歷了一段血雨腥風的戰亂年代。據《新唐書·宰相世系表》載：

　　　　（盧）諶字子諒，晉侍中、中書監。五子：勗、凝、融、偃、徵。勗居巷南，號「南祖」。偃居北，號「北祖」。偃仕慕容氏，營丘太守。二子：邈、闡。邈，范陽太守。生玄，字子眞，後魏中書

〔註33〕盧諶後人中也並非全部都避難渡江，根據《盧蘭墓誌》，其祖父盧興宗、父親盧延集也是盧諶的後人，卻沒有南下，先後仕官於燕和北魏政權。《魏故使持節侍中驃騎大將軍開府尚書左僕射雍州刺史司空公始平文貞公國太妃盧氏墓誌銘》：「太妃諱蘭，幽州范陽涿縣人也。燕王盧綰，漢祖共書；侍中盧毓，魏君同乘。挺稱英彥，既與張華鄉里；諶有文詞，乃是劉琨中外。祖興宗，范陽太守。父延集，幽州主簿。……日月不居，風霜奄至，薨於長安，春秋六十有七。魏大統十七年十月權瘞同州武鄉郡之北原。有孫孝矩，宣成名立，自魏讓其德，周新其命，雖隔邢茅，猶爲滕薛。」見載於趙超主編：《漢魏南北朝墓誌彙編》，天津古籍出版社，1992年6月版，第491頁。

　　侍郎、固安宣侯。二子：巡、度世。度世字子遷，青州刺史固安惠

侯。四子：陽烏、敏、昶、尚之，號「四房盧氏」。

據此，列十六國北朝時期的范陽盧氏世系為：

表四：《新表》載十六國北朝范陽盧氏譜系

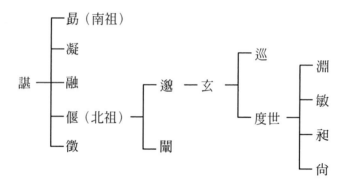

　　北朝時期范陽盧氏支系駁雜淩亂，人物迭出，史料散佚嚴重，今據《魏
書》、《北齊書》、《周書》、《北史》、《新唐書‧宰相世系表》等正史資料，參
照《漢魏南北朝墓誌彙編》、《唐代墓誌彙編》、《唐代墓誌彙編續集》、《全唐
文補遺》以及《全唐文》中有關墓誌材料進行梳理考訂。

（一）盧玄支系

　　盧玄一支一向被認為是范陽盧氏的正宗嫡系〔註34〕，《魏書》卷四七《盧
玄傳》和《北史》卷三〇《盧玄傳》中記載較為詳細。盧玄的祖父盧偃和父
親盧邈曾入仕後燕慕容氏政權，盧偃任營丘太守，盧邈任范陽太守。

　　盧玄，字子真，北魏神麚四年（431），太武帝辟召天下儒儁，盧玄「首應
旌命」被召入朝廷，授中書博士，遷侍郎，本州大中正。後賜爵固安子，散騎
常侍。曾出使南朝劉宋。宋文帝與之言，嘉歎良久，曰：「中郎，卿曾祖也。」
〔註35〕盧玄歸鄉遇疾而卒，贈平東將軍、幽州刺史、固安侯，謚曰宣。有子盧
度世。

　　盧度世，字子遷。度世因崔浩一獄逃亡至高陽鄭羆家，鄭氏藏度世於家

〔註34〕盧溥支系影響力也較大，但是盧溥起兵反叛失敗，遭受重創。而且盧玄支系
　　　　與當時深受太武帝器重的崔浩聯姻，更容易走進拓跋政權的視野，因此 431
　　　　年太武帝徵召漢族士人，以盧玄為首。此處亦可參看陳爽著：《世家大族與北
　　　　朝政治》，中國社會科學出版社，1998 年，第 92～93 頁。
〔註35〕《魏書》卷四七《盧玄傳》，《北史》卷三〇《盧玄傳》。

中，拒不交出，鄭罷長子遭官府拷打，寧死保全了度世。盧度世讓其弟娶鄭罷妹，以報答恩情。後度世被赦免，官拜中書侍郎。後來出使南朝，因「應對失衷」而遭到關押，釋放後除假節、鎮遠將軍、齊州刺史，「州接邊境，將士數相侵掠。度世乃禁勒所統，還其俘虜，二境以寧」，穩定了邊境局勢，後來又被徵召進京，「除平東將軍、青州刺史。未拜，遇患。延興元年卒，年五十三。諡曰惠侯。」〔註36〕

盧度世從兄盧遐，與度世以學行爲當時人所稱道，盧遐爲崔浩所重用，官至尙書、光祿大夫、范陽子。

盧度世有四子：盧淵、盧敏、盧昶、盧尙之。號爲「四房盧氏」。

盧淵，字伯源，小名叫陽烏。景明初，除祕書監。二年卒官，年四十八。贈安北將軍、幽州刺史，賜爵固安伯，諡曰懿。盧淵有八子：道將、道亮、道裕、道虔、道侃、道和、道約、道舒。

盧道將，字祖業，本應襲父爵，而讓其第八弟道舒。「入爲司徒司馬。卒，贈龍驤將軍、太常少卿，諡曰獻。」有二子：懷祖、懷仁。

盧懷祖，太學博士、員外散騎侍郎。有子盧莊。

盧莊〔註37〕，少有美名，歷太子舍人、定州別駕，東平太守。武平中，位至都水使者。

盧懷仁，字子友。性恬靜，蕭然有閒雅致。著詩賦銘文二萬餘言，撰有《中表實錄》二十卷。歷太尉記室、弘農郡守。武定中，太尉鎧曹參軍。有子盧彥卿。

盧彥卿，仕隋侍御史。撰《後魏紀》三十卷。貞觀中，任石門令、東宮學士。

盧道亮，字仁業。不仕而終。據《新唐書‧宰相世系表》，道亮有二子：盧思演、盧思道。

盧思道字子行，《北史》、《隋書》有載。聰爽俊辯，通脫不羈。左僕射楊遵彥薦之於朝，解褐司空行參軍、長兼員外散騎侍郎，直中書省。北齊文宣帝崩，當朝文士各作輓歌十首，擇其善者而用之。魏收、陽休之、祖孝徵等才子俊彥不過作一二首，而盧思道一人獨作八篇，時人稱其爲「八米盧郎」。後因漏泄中書機密，貶爲丞相西閤祭酒。歷太子舍人、司徒錄事參軍。後以擅用庫錢，免官歸家。後爲給事黃門侍郎，待詔文林館。周武帝平定北齊，

〔註36〕《魏書》卷四七《盧玄傳》，《北史》卷三〇《盧玄傳》。
〔註37〕《北齊書》卷四二《盧潛傳》作「莊之」。

授儀同三司，追赴長安。與同輩陽休之等數人作《聽蟬鳴篇》。後來盧思道因母疾還鄉范陽，參與了同郡祖英伯及從兄盧昌期等舉兵作亂，柱國宇文神舉征討范陽，盧思道罪當斬，然而宇文神舉素聞其名聲才學，嘉而宥之。後除掌教上士。後遷武陽太守。有文集二十卷。

盧道裕，字寧祖。尚獻文女樂浪長公主，拜駙馬都尉。歷位中書侍郎、太子中庶子、幽州大中正。卒於涇州刺史，贈撫軍將軍、青州刺史，諡曰文。有子曰：盧景緒。

盧景緒，武定中，儀同開府隸事參軍。

盧道虔，字慶祖。尚孝文帝女濟南長公主，拜駙馬都尉。「出除驃騎將軍、幽州刺史。尋加衛大軍，卒於官。諡曰恭文公。」濟南長公主生二子：盧昌宇〔註38〕、盧昌仁。「昌宇不慧，昌仁早卒」。盧道虔又娶司馬氏，生子盧昌裕，及司馬見出之後，更娉元氏，生二子昌期、昌衡。

盧昌衡，字子均，小字龍子。《北齊書》、《北史》、《隋書》有載。北齊武平末，官至尚書郎。有才識，風神澹雅。博涉經史，工草行書。十七歲，魏濟陰王元暉業召補太尉參軍事，兼外兵參軍。入北齊，歷平恩令、太子舍人。僕射祖孝徵推薦爲尚書祠部部郎。周武帝平定北齊，授司玉中士。隋開皇初，拜尚書祠部侍郎。隋大業初，徵爲太子左庶子。有二子：盧寶素、盧寶胤。

盧道侃，字希祖。州主簿，沈雅有學尚。孝昌末卒。有二子，早夭，以弟盧道約子盧正達爲後嗣。

盧正達，武定中，征虜將軍、太尉記室參軍。《北齊書》卷四二《盧潛傳》載正達爲尚書郎。

盧道和，字叔維〔註39〕。「兄弟之中，人望最下。冀州中軍府中兵參軍」。《魏書》載有二子：盧景豫、盧景熙。《北史》載有一子盧景猷。

盧景熙，武定中，儀興開府諮議。

盧景猷，弘農太守。有子盧士彥。

盧士彥，有風概，隋開皇中，效命於蜀王秀，因對蜀王秀所爲不滿，稱病歸鄉。

盧道約，字季恭。「起家員外郎，累遷司空錄事參軍、司徒屬、幽州大中正、輔國將軍、光祿大夫。轉司徒右長史」。《魏書》載有二子：盧正通、盧

〔註38〕《北史》卷三〇《盧玄傳》作「昌寓」。
〔註39〕《北史》卷三〇《盧玄傳》作「叔雍」。

－60－

正思。《北史》除正通、正思，尚載有盧正山一子。《北齊書》載盧正達、盧正思、盧正山三子。

　　盧正通，開府諮議。少有令譽，徵赴晉陽。

　　盧正思，北徐州刺史、太子詹事、儀同三司。

　　盧正山，永昌郡守。有子名公順。

　　盧公順，以文學知名，武平中爲符璽郎，待詔文林館。與博陵崔君洽、隴西李師上關係友善，在晉陽寓居寺院，謂「康寺三少」。

　　盧道舒，字幼安，長兄道將讓爵，故道舒襲父爵。「自尚書左主客郎中爲冠軍將軍、中書侍郎」。盧道舒有子曰盧熙裕。

　　盧熙裕，襲父爵固安伯，清虛守道，有古人風。

　　根據以上考證，列盧淵大房的譜系如下表：

表五：北朝盧玄支大房盧淵世系表

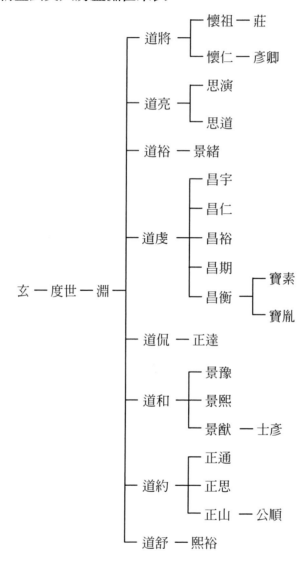

　　盧度世次子盧敏，字仲通，小字紅崖。太和初，拜議郎，早卒。贈威遠將軍、范陽太守，諡曰靖。高祖納其女爲嬪。盧敏有五子，但《魏書‧盧玄傳》僅僅載有四子：盧義僖、盧義惊、盧義敦〔註40〕、盧義安。

　　盧義僖，字遠慶。「早有學尙，識度沈雅。年九歲，喪父，便有至性。少爲僕射李沖所歎美。起家祕書郎，歷太子舍人、司徒中郎」，「建義初，兼都

官尚書。尋除安東將軍、衛尉卿。普泰中，除都官尚書，加驃騎大將軍、左光祿大夫」。有四子，《魏書・盧玄傳》載二子：盧遜之、盧世猷；《新唐書・宰相世系表》載三子：盧瑟之、盧慇之、盧息之。「瑟之」與「遜之」皆任職太尉記室參軍，名字極為相似，當為一人，而《新唐書・宰相世系表》所載盧息之與《魏書・盧玄傳》所載盧世猷二者官職相同，應為同一人，故盧義僖有三子。

盧遜之，武定中，太尉記室參軍。

盧慇之，後魏散騎常侍。

盧息之，後魏開府參軍。

盧義悰，字叔預。司空行參軍、本州治中、散騎侍郎、司徒諮議參軍。有一子：盧孝章。

盧孝章，儀同開府行參軍，早亡。

盧義敦（惇），字季和。征北府默曹參軍。《新唐書・宰相世系表》載其有子二人：盧景開、盧景柔。

盧景開，字子達。武定中，儀同開府屬。

盧景柔，蘭陵太守、南州刺史。

盧義安，字幼仁，不仕。

據以上考證，列二房盧敏的譜系為下表：

表六：北朝盧玄支二房盧敏世系表

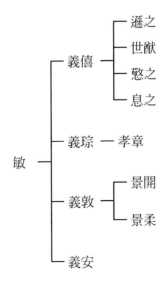

　　盧度世第三子盧昶，字叔達，小字師顏。「學涉經史，早有時譽。太和初，爲太子中舍人、兼員外散騎常侍，使於蕭昭業」。「拜太常卿，仍除安西將軍，雍州刺史。又進號鎮西將軍，加散騎常侍。熙平元年，卒於官。贈征北將軍、冀州刺史，諡曰穆。」盧昶有子五人，《魏書・盧玄傳》載三子：盧元聿、盧元明、盧元緝；《新唐書・宰相世系表》載二子：盧元隆、盧元德。

　　盧元聿，字仲訓，才能平庸。「尙高祖女義陽長公主，拜駙馬都尉。位太尉司馬、光祿大夫。卒，贈中書監」。有子曰盧士晟。

　　盧士晟，僕同開府掾。

　　盧元明，字幼章。永安初，爲尙書令，孝武帝時遷中書侍郎，兼吏部郎中。後拜尙書右丞，轉散騎常侍，監起居。又兼黃門郎、本州大中正。

　　盧元緝，字幼緒。「凶率好酒，曾於婦氏飲宴，小有不平，手刃其客。起家祕書郎，轉司徒祭酒。稍遷輔國將軍、司徒司馬。卒於官。贈散騎常侍、都督幽瀛二州諸軍事、驃騎大將軍、吏部尙書、幽州刺史，諡曰宣」。有一子名叫盧士深。

　　盧士深，開府行參軍。

　　盧元隆，生有一子：盧士熙。

　　盧士熙，北齊彭城太守。

　　盧元德，有一子：盧士澈。

　　盧士澈，昌樂令、徐州別駕。

　　據以上考證，列三房盧昶譜系如下表：

表七：北朝盧玄支三房盧昶世系表

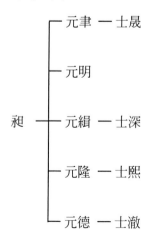

　　盧度世第四子盧尙之，字季儒，小字羨夏。亦以儒素見重。太和中，拜議郎，轉趙郡王征東諮議參軍。母憂去官。後爲太尉主簿、司徒屬、范陽太守、章武內史、兼司徒右長史，加冠軍將軍，轉左長史。出爲前將軍、濟州刺史。入除光祿大夫。正光五年卒，年六十二。贈散騎常侍、安東將軍、青州刺史。有三子：盧文甫、盧文翼、盧文符。

　　盧文甫，字符祐。「少有器尙，涉歷文史，有譽於時。位司空參軍」。有二子，《魏書・盧玄傳》載一子盧敬舒，「有文學，早亡」；《新唐書・宰相世系表》載一子盧敬通，太常博士。

　　盧文翼，字仲祐。「少甚輕躁，晚頗改節。爲員外郎，因歸鄉里。永安中，爲都督，守范陽三城，拒賊帥韓婁有功，賜爵范陽子。永熙中，除右將軍、太中大夫」。有三子，《魏書・盧玄傳》載一子盧士偉，《新唐書・宰相世系表》載三子：盧士偉、盧士朗、盧士嬰。唐盧萬春墓誌載盧文翼有子曰盧士昂〔註41〕。

　　盧士偉，仕東魏，「興和中，中散大夫」，齊州司馬。

　　盧士昂，齊廣平郡守。

　　盧士朗，殿中郎。

　　盧士嬰，北齊民部侍郎〔註42〕。

　　盧文符，字叔僖〔註43〕。「位員外郎、羽林監、尙書主客郎中，遷通直散騎侍郎」。《北史》、《北齊書》載文符有二子：盧潛〔註44〕、盧士邃。

　　盧潛，「容貌瑰偉，善言談，少有成人志尙」。仕北齊，累遷至大將軍府中兵參軍，爲文襄王所重用。盧潛在淮南一帶任職十三年，功績卓著。爲南朝所憂患。武平三年，徵爲五兵尙書。後南陳渡江侵掠，盧潛在建業死去，五十七歲。贈開府儀同三司、尙書右僕射、兗州刺史。無子，以弟士邃子元孝嗣。

　　盧士邃，字子淹，少時爲崔昂所看重。官至尙書左右丞、吏部郎中，出爲中山太守帶定州長史。齊亡後，盧士邃卒。有子盧元孝。

〔註41〕據盧萬春墓誌載：「君諱萬春，范陽涿人也。……曾祖文翼，魏員外散騎侍郎、太中大夫。……祖士昂，齊廣平郡守。……父義幹，永寧縣令。」見《隋故東宮左親侍盧君（萬春）墓誌銘》，吳鋼主編：《全唐文補遺》第四輯，西安：三秦出版社，1997年，第344頁。
〔註42〕梁肅：《舒州望江縣丞盧公墓誌銘》，載董誥主編：《全唐文》卷五百二十一，北京：中華書局，1983年，第5295頁。
〔註43〕《北史》卷三〇《盧玄傳》作「叔偉」。
〔註44〕《魏書》卷四七《盧玄傳》作「盧子潛」。

根據以上考證，列四房盧尚之的譜系如下表：

表八：北朝盧玄支四房盧尚之世系表

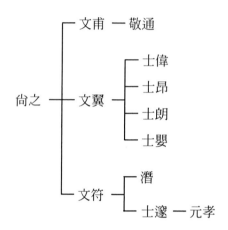

（二）盧度世從祖弟盧神寶一支

盧神寶，中書博士。是盧度世的從祖弟，與北魏拓拔氏聯姻，史載：「太和中，高祖爲高陽王雍納其女爲妃」〔註45〕。目前，史料中該支成員僅發現盧神寶一人。

（三）盧溥一支

盧溥，《玉海》作盧潭，北朝史傳不見其人，疑是盧溥之訛。盧溥是盧玄的從祖兄，「慕容寶之末，總攝鄉部屯於海濱，遂殺其鄉姻諸祖十餘人，稱征北大將軍、幽州刺史，攻掠郡縣」。

盧溥有幾子已不得而知，《魏書》卷二《太祖紀》載：「（天興）三年春正月戊午，和突破盧溥於遼西，生獲溥及其子煥，傳送京師，轘之。」可知盧溥有一子名叫盧煥，與盧溥一起被殺。

《魏書·盧玄傳》記載盧溥的玄孫盧洪：「溥玄孫洪，字曾孫。太和中，歷中書博士，稍遷高陽王雍鎮北府諮議參軍、幽州中正、樂陵陽平二郡太守」。

盧洪有三子：盧崇、盧仲義、盧幹。

盧崇，字符禮。「少立美名，有識者許之以遠大。景明中，驃騎府法曹參軍。早卒」。有一子盧柔。

〔註45〕據《魏書》卷四七《盧玄傳》和《北史》卷三○《盧玄傳》。

　　盧柔，字子剛，跟隨賀拔勝出牧荊州，爲大行臺郎中。孝武帝西遷之後，東魏遣侯景作亂，賀拔勝兵敗，盧柔隨賀拔勝難逃南朝梁，盧柔上表梁武帝，要求回關中。武帝看重其文采，允許盧柔北歸。大統二年，盧柔到達長安，封容城縣男，除從事中郎，與郎中蘇綽共掌機密。累遷中書侍郎，兼著作，撰起居注。後爲黃門侍郎，遷中書監。周文知其貧，解衣賜之。周孝閔帝踐阼，拜小內史大夫，進位開府儀同三司，卒於位。有一子盧愷。

　　盧愷，字長仁。「性孝友，神情穎悟，涉獵經史，有當世幹能，頗解屬文」。周齊王憲引爲記室參軍，跟隨周齊王憲討伐北齊，遷小吏部大夫。轉內史下大夫、禮部大夫。大象元年，拜東都吏部大夫。隋開皇初，加上儀同三司，除尚書吏部侍郎。進爵爲侯，仍攝尚書左丞。加散騎常侍。隋文帝考覈文武百官，以盧愷爲最佳。歲餘，拜禮部尚書，攝吏部尚書事。後被人誣陷與蘇威沆瀣，免官，卒於家。

　　盧仲義，小名黑，知名於世。高陽王雍司空行參軍、員外散騎侍郎、幽州別駕。盧仲義有二子：盧叔矩、盧子正。

　　盧叔矩，字子規。仕東魏，武定中，尚書郎。有子盧臣客。

　　盧臣客，少有志向，風度翩翩，雅有法度，好道家之言。天保末，姊夫任城王擢其爲太子舍人，遷司徒記事，後除太子中庶子。武平中，兼散騎常侍聘陳，死于歸途。贈鄭州刺史，鴻臚卿。

　　盧子正，司徒法曹參軍。「崇兄弟官雖不達，至於婚姻，常與玄家齊等」。

　　盧幹，字幼禎。州主簿。盧幹子盧讓。

　　盧讓，儀同開府參軍。

　　盧洪之弟盧光宗，位尚書郎。光宗有三子：盧觀、盧仲宣、盧叔虔〔註46〕。

　　盧觀，字伯舉。少好學，有才俊，射策甲科。仕北魏，除太學博士、著作佐郎。與太常少卿李神俊、光祿大夫王誦在尚書省撰定朝儀。遷尚書儀曹郎中。孝昌元年卒。

　　盧仲宣，小名金。與其兄盧觀皆有才學，以文章顯。仕北魏，位太尉屬。孝莊帝初年，在河陰被殺。與其兄盧觀皆無子嗣，文集亦罕有存世。

　　盧叔虔，豪爽俠義，「慕諸葛亮之爲人」，在賀拔勝帳下任荊州開府長史，後來賀拔勝兵敗棄城逃奔南朝梁，盧叔彪回家鄉范陽涿縣，賑濟鄉民，悠閒

〔註46〕《北史》卷三○《盧玄附盧溥傳》作「叔彪」，《北齊書》卷四二《盧潛傳》作「叔武」。

自得。齊文襄王徵召，稱病不去。北齊孝昭帝高演即位，召叔虔爲中庶子，咨以世事，叔虔勸討關西，請立重鎮於平陽，與蒲州相對，挖溝築壘，運送糧草，被孝昭帝採納。不久，孝昭帝崩，武成帝即位，盧叔虔拜儀同三司，判都官尙書，出爲金州刺史，遷太子詹事。北齊滅後，回范陽，范陽城陷，叔虔與族弟士遂寒餒而死。宇文神舉以二人有名德，收而葬之。

盧洪還有兩個從弟：盧附伯、盧侍伯。

盧附伯位至滄州平東府長史。

盧侍伯，永熙中，衛大將軍、南岐州刺史。

盧侍伯從弟盧文偉。盧文偉父盧敞。

盧敞，位議郎，後以文偉勳，贈幽州刺史。

盧文偉，子休族。少孤，有志向，涉獵經史，三十八歲，舉秀才，除本州平北府長流參軍。久居鄉里，逢孝明帝時大旱，文偉率眾修復督亢陂，功勳卓著，文偉亦因此工程而使窘迫的家境迅速致富。韓樓據薊州起兵，文偉率鄉閭據守范陽，因功封大夏縣開國男、除范陽太守。莊帝崩，文偉與幽州刺史劉靈助共謀起義，劉靈助爲尒朱榮部下侯深所擊敗，文偉回歸范陽，投靠北齊高氏。除青州刺史。有子三人：盧恭道、盧懷道、盧宗道。

盧恭道，性溫良，有文學，官至范陽太守，先文偉而卒，贈度支尙書，諡曰定。有子盧詢祖。

盧詢祖，襲祖文偉爵大夏男。文學優美，舉秀才，與盧思道同爲北州才俊。仕北齊，歷太子舍人、司徒記室。有文集十卷，皆亡逸。

盧懷道，性輕率好酒，烏蘇鎮城都督。

盧宗道，性粗率，位南營州刺史。後因酷濫而除名免官。

另外，這一支還有文偉的族人盧璧、盧勇父子。盧璧，魏下邳太守。盧勇，字季禮，是盧景裕從弟。盧勇與盧景裕在一起讀書的時候，其叔父盧同說：「白頭（盧景裕）必以文通，季禮（盧勇）當以武達。興吾門者，二子也。」可見，此二人當時天子聰慧，是可造之材。盧勇十八歲即爲本郡范陽王。後葛榮又以盧勇爲燕王。隨齊神武屢立戰功，遷陽州刺史，鎮守宜陽。三十二歲，卒。

根據以上所述，列盧溥一支的譜系如下表：

表九：北朝盧溥一支譜系表

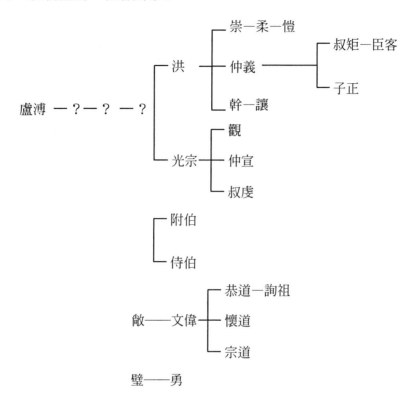

（四）盧輔一支

　　盧輔支系興起於北魏末年，盧輔本爲盧玄族子，北魏時爲幽州別駕，前世無聞，當爲范陽盧氏疏宗。自盧輔之子盧同太和中入仕，該支系魏齊周隋間人物輩出；盧景裕在東魏北齊以儒學得顯，盧辯在西魏北周成爲宇文泰託古改制的肱股之臣，盧賁則因擁立楊堅在隋代貴寵一時。

　　盧輔，字顯元〔註47〕，幽州別駕。有三子：盧靜、盧琇、盧同。

　　盧靜，太常丞。「好學有風度，飲酒至數斗而不亂」。盧靜有三子：盧景裕、盧辯、盧光。

　　盧景裕，字仲孺，小字白頭。盧景裕是范陽盧氏家族的又一大儒，「少敏，專經爲學」，「居無二業，唯在注解」。性情優雅恬淡，怡然自得，「其叔父（盧）同職居顯要，而景裕止於園舍，情均郊野。謙恭守道，貞素自得，由是世號

〔註47〕《北史》卷三〇《盧同傳》作「顯光」。

居士」。北魏節閔帝初年，除國子博士，參議正聲，「其見親遇，待以不臣之禮」。天平中，回歸鄉里。「與邢子才、魏季景、魏收、邢昕等同徵赴鄴，景裕寓託僧寺，講聽不已」。河間邢摩納與盧景裕從兄盧仲禮據鄉作亂，邀盧景裕共同謀反，以響應西魏。北齊神武命都督賀拔仁平息叛亂，聞知盧景裕經明行著，徵召至北齊，讓盧景裕教授皇室諸子。

盧辯，字景宣，「少好學，博通經籍。正光初，舉秀才，為太學博士。以《大戴禮》未有解詁，辯乃注之」。盧景裕為當時碩儒，對盧辯說：「昔侍中注《小戴》，今汝注《大戴》，庶纂前修矣。」北魏節閔帝時，除中書舍人。北魏分裂，盧辯跟隨孝武帝入仕西魏，「歷位給事黃門侍郎，領著作，加本州大中正。周文帝以辯有儒術，甚禮之，朝廷大議，常召顧問。遷太子少保，領國子祭酒」。教授太子及諸王，進爵范陽郡公。孝武西遷後，朝儀朝儀湮墜，朝廷憲章、乘輿法服、金石律呂、晷刻渾儀都混亂不堪，宇文氏令盧辯因時制宜，依照古禮，創制法度。後加驃騎大將軍、開府儀同三司，累遷尚書令。明帝即位，遷小宗伯，進位大將軍。出為宜州刺史。死後諡曰獻，配食文帝廟庭。隋開皇初年，盧辯因為前代名德，被追封沈國公。盧辯在西魏北周可謂權傾一時，榮耀之至。

盧辯有二子：盧愼、盧詮。

盧愼，大隋復州刺史。

盧詮，位儀同三司。

盧光，字景仁。「性溫謹，博覽群書，精於《三禮》，善陰陽，解鍾律，又好玄言」。隨魏孝武帝西遷，授晉州刺史。大統六年，攜家西入，除丞相府記室參軍，賜爵范陽縣伯。俄拜行臺郎中，專掌書記，改封安息縣伯。歷位京兆郡守、侍中、開府儀同三司、匠師中大夫，進爵燕郡公、虞州刺史，行陝州總管府長史，卒官。贈賻有加恒典，贈少傅，諡曰簡。盧光有子盧賁。

盧賁，字子徵。略涉書記，頗解鍾律。周武帝時，襲爵燕郡公，歷魯陽太守、太子少宮尹、儀同三司、司武上士。盧賁通音律，曾與儀同楊慶和刊定周、齊音律。勸進，協助楊堅取代北周，改立大隋，功勳卓著。歷郢、虢、懷三州刺史。後被楊堅免官。

盧琇，少時就多非凡之言，人稱其可致公侯。都水使者，後除安州刺史。

盧同，字叔倫。盧同身材魁偉，善於處世。仕北魏。太和中，起家北海王詳國常侍，稍遷司空祭酒、昌黎太守。尋為營州長史，除河南尹丞，遷太

尉屬。參與平定豫州、秦州的反叛。明帝時，朝政綱紀鬆弛，人多竊冒軍功。盧同閱吏部勳書，整頓此事。兩度持節任慰勞使，授平東將軍，正黃門，營明堂副將。尋加撫軍將軍、光祿大夫、本州大中正。除度支尚書，黃門如故，持節使營州慰勞，聽以便宜從事。同頻遣使人，皆爲賊害。孝昌三年，除左將軍、太中大夫、兼左丞，爲齊兗二州行臺，節度大都督李叔仁。孝莊帝踐阼，詔複本秩，除都官尚書，復兼七兵。以同前慰勞德興之功，封章武縣開國伯，邑四百戶。正除七兵，尋轉殿中，加征南將軍。普泰初，除侍中，進號驃騎將軍、左光祿大夫。永熙初薨，年五十六。贈侍中、都督冀滄瀛三州諸軍事、驃騎大將軍、司空公、冀州刺史，開國伯如故，賜帛四百匹，諡曰孝穆。三年，加贈尚書右僕射。

盧同有四子：盧斐、盧筠，另兩子缺載。

長子盧斐，字子章，性殘忍，以強斷知名。齊文襄引爲大將軍府刑獄參軍。天保中，稍遷尚書左丞，別典京畿詔獄，以酷濫著稱。

次子盧筠，青州中從事。

根據以上考證，列盧輔一支譜系如下：

表一〇：北朝盧輔一支世系表

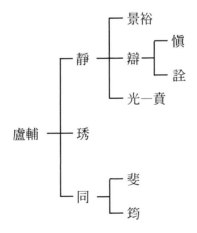

（五）盧晏支

盧晏，仕後燕政權，官至給事黃門侍郎，營丘、成周二郡郡守。有子盧壽。

盧壽，後燕太子洗馬，入北魏後爲任魯郡太守。有子叔仁。

盧叔仁，年十八州辟主簿，舉秀才，除員外郎。以孝親爲名辭官回家。景明中，授武賁中郎將，盧叔仁不感興趣，而後除鎭遠將軍、通直散騎常侍，他稱病不去赴任。曾任幽州司馬，後辭官歸田。有子盧誕。

盧誕，盧度世族弟。「幼而通亮，博學，有詞采。郡辟功曹，州舉秀才，不行。起家侍御史，累遷輔國大將軍、太中大夫、幽州別駕、北豫州都督府長史」〔註48〕。當時刺史高仲密歸降西魏，遣大將軍李遠率軍赴援，盧誕與文武二千餘人奉候大軍，遂入西魏北周。以功授鎭東將軍、金紫光祿大夫，封固安縣伯。不久加散騎侍郎，拜給事黃門侍郎。周文帝又以盧誕「儒宗學府」，拜國子祭酒，進車騎大將軍、儀同三司。西魏恭帝二年，除祕書監，後以疾卒。

盧晏一支史料記載人物過少，目前可考的譜系爲：

表一一：十六國北朝盧晏一支世系表

盧晏——盧壽——盧叔仁——盧誕

（六）盧巇支

盧巇支系爲盧諶後裔中沒有南渡的一支，曾仕宦於後燕政權，北魏統一後入仕北魏。

盧巇又名興宗，曾仕燕太子洗馬，後任北魏建將軍良鄉子，范陽太守。

盧延集，北魏幽州主簿。

《魏故使持節侍中司徒公都督雍華岐並揚青五州諸軍事車騎大將軍雍州刺史章武王妃盧墓誌銘》：「祖巇，燕太子洗馬，魏建將軍良鄉子。祖母魯郡孔氏。父延集，幽州主簿。母趙郡李氏。太妃姓盧，諱貴蘭，范陽涿縣人也。魏司空毓之九世孫。……春秋五十有四，以武定四年十一月八日薨於鄴都。」〔註49〕該支自稱盧毓之後，盧毓九世孫，當與盧道將同代，如此則盧巇與盧度世同代，盧延集與盧淵同代。

《魏故使持節侍中驃騎大將軍開府尙書左僕射雍州刺史司空公始平文貞公國太妃盧氏墓誌銘》：「太妃諱蘭，幽州范陽涿縣人也。燕王盧綰，漢祖共

〔註48〕《北史》卷三〇《盧誕傳》。

〔註49〕《魏故使持節侍中司徒公都督雍華岐並揚青五州諸軍事車騎大將軍雍州刺史章武王妃盧墓誌銘》，載趙超：《漢魏南北朝墓誌彙編》，天津古籍出版社1992年版，第371頁。

書；侍中盧毓，魏君同乘。挺稱英彥，既與張華鄉里；諶有文詞，乃是劉琨中外。祖興宗，范陽太守。父延集，幽州主簿。……日月不居，風霜奄至，薨於長安，春秋六十有七。魏大統十七年十月權瘞同州武鄉郡之北原。有孫孝矩，宦成名立，自魏讓其德，周新其命，雖隔邢茅，猶爲滕薛。」〔註50〕由此可以看出，盧蘭乃盧毓、盧諶的後代，晚年居住在長安，墓誌使用西魏大統年號，說明家族曾仕於西魏。

對比這兩方墓誌，盧貴蘭墓誌使用了東魏武定年號，盧蘭墓誌使用西魏大統年號，武定四年（546）至大統十七年（551），卒年相差僅五年，而且兩人名字相似，同爲盧毓後裔，父親均爲幽州主簿盧延集，說明兩人均爲盧延集之女是可信的，由此其祖父盧巘和盧興宗應該爲同一人。

表一二：盧巘一支世系表

盧巘（興宗）──盧延集

四、范陽盧氏與北朝政局

經過魏晉時期盧植的子孫盧毓、盧志、盧珽、盧欽等人在仕宦、學術上奠定的基礎，范陽盧氏形成大族，進入北朝，范陽盧氏開始了家族發展的黃金時期。

（一）盧玄「首應旌命」

北魏拓跋氏入主中原後，越來越多地接觸到中原文化，認識到要鞏固自身的統治，讓中原漢人臣服於北魏政權，必須依靠漢人力量實現拓跋氏政權的漢化，於是拓跋氏開始拉攏漢人士族參與政權。明元帝拓跋嗣即位之初，就到處網羅「豪門強族」和「先賢士冑」，封官進爵，山東士族相繼歸附，並幫助拓跋氏制定政治、禮儀制度。424年，太武帝拓跋燾即位，拓跋燾雄才大略，幾年後基本上完成了北方的統一，但當這個少數民族政權思考如何統治以漢族爲主體的北方區域時感到茫然了，馬上得天下，卻不能馬上治天下，歷史上有經驗可循，僅僅依靠鮮卑鐵騎並不能鞏固政權。因此太武帝在士族清河崔浩和道教首領寇謙之的支持下，制定了「後文先武，以成太平眞君」

〔註50〕　《魏故使持節侍中驃騎大將軍開府尚書左僕射雍州刺史司空公始平文貞公國太妃盧氏墓誌銘》，載趙超：《漢魏南北朝墓誌彙編》，天津古籍出版社 1992年版，第491頁。

的治國方略，「偃兵息甲，修立文學」，吸收漢人士族參政，提倡道教和儒學，去掉胡氣，建立中原正朔的形象。

范陽盧氏正是在這樣的背景下迎來其政治高峰的。北魏神䴥四年（431）九月，太武帝拓跋燾大舉徵召「冠冕州郡」的名門望族入仕，盧玄「首應旌命」，成爲中原首望。這次徵召士族是北魏政治史上的大事，史書中記載也很詳細，《魏書》卷四《世祖太武帝紀》載：

> 壬申，詔曰：「頃逆命縱逸，方夏未寧，戎車屢駕，不遑休息。今二寇摧殄，士馬無爲，方將偃武修文，遵太平之化，理廢職，舉逸民，拔起幽窮，延登儁義，昧旦思求，想遇師輔，雖殷宗之夢板築，罔以加也。訪諸有司，咸稱范陽盧玄、博陵崔綽、趙郡李靈、河間邢穎、勃海高允、廣平游雅、太原張偉等，皆賢儁之胄，冠冕州邦，有羽儀之用。《詩》不云乎『鶴鳴九皋，聲聞於天』，庶得其人，任之政事，共臻邕熙之美。《易》曰：『我有好爵，吾與爾縻之。』如玄之比，隱砎衡門、不耀名譽者，盡敕州郡以禮發遣。」遂徵玄等及州郡所遣，至者數百人，皆差次敘用。〔註51〕

按《魏書》中所記載，被徵召的中原漢族士人有數百人之多，規模如此之大，爲世所罕見，但並不是所有被徵召者都應命而仕，據被徵召者之一的渤海高允《徵士頌》回憶〔註52〕，就命而仕者僅有35人，由此可以推測漢族士人對鮮卑拓跋氏政權的認同感依然淡漠。高允詳細列舉了應命的35位中原士人的郡望姓名，並且作了一番評論：

> 夫百王之御士也，莫不資伏羣才，以隆治道。故周文以多士克寧，漢武以得賢爲盛。此載籍之所記，由來之常義。魏自神䴥已後，宇內平定，誅赫連積世之僭，掃窮髮不羈之寇，南摧江楚，西盪涼域，殊方之外，慕義而至。於是偃兵息甲，修立文學，登延儁造，酬諮政事。夢想賢哲，思遇其人，訪諸有司，以求名士。咸稱范陽

〔註51〕 出自《魏書》卷四《世祖太武帝紀》。《北史》卷二《世祖太武帝紀》記載與此基本相同：「壬申，詔曰：『范陽盧玄、博陵崔綽、趙郡李靈、河間邢穎、勃海高允、廣平游雅、太原張偉等皆賢俊之胄，冠冕州邦，有羽儀之用。《易》曰：我有好爵，吾與爾縻之。如玄之比，隱迹衡門，不曜名譽者，盡敕州郡以禮發遣。』遂徵玄等。州郡所遣至者數百人，皆差次敘用。」

〔註52〕 詳參張金龍：《從高允〈徵士頌〉看太武帝神䴥四年徵士及其意義》，載氏著《北魏政治與制度論稿》，甘肅教育出版社，2003年，第10～27頁。

盧玄等四十二人，皆冠冕之冑，著問州邦，有羽儀之用。親發明詔，

以徵玄等。乃曠官以待之，懸爵以縻之。其就命三十五人，自餘依

例州郡所遣者不可稱記。爾乃髦士盈朝，而濟濟之美興焉。〔註53〕

清代王夫之對此事也有評價，他說：「拓跋氏詔舉逸民，而所徵皆世冑，民望

屬焉，其時之風尚然也。江左則王、謝、何、庾之族顯，北方則崔、盧、李、

鄭之姓著，雖天子莫能抑焉，雖夷狄之主莫能易也。士大夫之流品與帝王之

統緒並行，而自為興廢，風尚所沿，其猶三代之遺乎！」〔註54〕王夫之認為

世家大族已經形成了一種為社會所公認的聲望，這個聲望地位天子也無法抑

制，遑論少數民族所能改變了，士族之傳統是與政治傳統並行，彼此都獨自

為一股社會力量。陳寅恪認為：「魏太武帝神䴥四年（431）九月壬申詔征諸

人如范陽盧玄、渤海高允、廣平游雅等皆當日漢人中士族領袖，其詔書稱之

為『賢儁之冑，冠冕州邦』。夫所謂『賢儁之冑』者，即具備鄙說所謂家世傳

留之學術之第一條件；所謂『冠冕州邦』者，即具備鄙說所謂地方環境熏習

之第二條件。」〔註55〕可見當時所徵召士人皆具備家傳學術、地方環境這兩

個條件，這也說明拓跋氏政權承認世家大族的社會地位，而且不得不向這一

階層伸出橄欖枝，吸收他們參與政權，擴大鞏固其統治基礎。

　　盧玄由此登上政治舞臺，值得注意的是盧玄在此次徵召中是「首應旌

命」，數百位士人中以盧玄為首，這明顯體現了范陽盧氏在當時社會上一流高

門士族的聲望與地位。盧玄進入北魏政權後，授中書博士。當時太武帝所倚

重的漢族重臣司徒崔浩是盧玄的外兄，崔浩每每見到盧玄就感歎：「對子真（即

盧玄），使我懷古之情更深。」〔註56〕崔浩屬清河崔氏，是北朝時期與范陽盧

氏齊名的世家大族，以「崔盧」並稱於世，兩家通婚也頻繁，因此盧玄與崔

浩應該關係較為密切。崔浩一方面為了維護世家大族的地位，一方面為了推

動北魏的漢化改革，「欲齊整人倫，分明姓族」，盧玄勸阻崔浩在漢化改革方

面不要步伐太大，應審慎行事，盧玄勸之：「創制立事，各有其時，樂為此者，

詎幾人也？宜三思。」崔浩當時雖沒有異議，竟不聽盧玄勸阻。「浩敗，頗亦

〔註53〕《魏書》卷四八《高允傳》。

〔註54〕〔清〕王夫之著，舒士彥點校：《讀通鑒論》中冊卷一五《宋文帝一一》，北
　　　　京：中華書局，1975 年第一版，第 426～427 頁。

〔註55〕陳寅恪：《隋唐制度淵源略論稿・唐代政治史述論稿》，北京：三聯書店，2001
　　　　年，第 116 頁。

〔註56〕《魏書》卷四七《盧玄傳》，《北史》卷三〇《盧玄傳》。

由此」〔註57〕，由此可以看出盧玄雖首召入朝，但是仍保有警惕，爲官做事較爲穩重，也正因爲此，才不易像崔浩一樣那麼容易受到沉重打擊。

盧玄曾出使南朝宋文帝劉義隆，史載：「後轉寧朔將軍，兼散騎常侍，使劉義隆。義隆見之，與語良久，歎曰：『中郎，卿曾祖也。』」〔註58〕中郎是指盧玄的曾祖盧諶，盧諶曾任「晉司空劉琨從事中郎」，永嘉之亂後，盧諶以在石氏政權爲恥辱，告訴家人子弟說「吾身沒之後，但稱晉司空從事中郎爾」〔註59〕。此處劉義隆的感歎表示對盧玄家世的一種讚美。

盧玄之後，盧度世和盧昶也先後受命出使南朝。盧度世「後除散騎侍郎，使劉駿。遣其侍中柳元景與度世對接，度世應對失衷。還，被禁劾，經年乃釋」〔註60〕。盧度世出使發生失誤，受到處分。而其第三子盧昶出使也不順利，「太和初，爲太子中舍人、兼員外散騎常侍，使於蕭昭業」，盧昶出使過程中沒有守住氣節，史載：「及昶至彼，值蕭鸞僭立，於是高祖南討之，昶兄淵爲別道將。而蕭鸞以朝廷加兵，遂酷遇昶等。昶本非骨鯁，聞南人云兄既作將，弟爲使者。乃大恐怖，淚汗交橫。鸞以腐米臭魚葇豆供之。而謁者張思寧辭氣謇諤，曾不屈撓，遂以壯烈死於館中。」張思寧能舍生取義，不受屈辱，而盧昶卻失節自保，令高祖拓跋宏十分生氣，斥責他說：「銜命之禮，有死無辱，雖流放海隅，猶宜抱節致殞。卿不能長纓羈首，已是可恨。何乃俛眉飲啄，自同犬馬。有生必死，修短幾何。卿若殺身成名，貽之竹素，何如甘彼窮菽，以辱君父乎？縱不遠慚蘇武，寧不近愧思寧！」〔註61〕

（二）婚姻鞏固仕宦

孝文帝親政後，遷都洛陽，改官制，禁胡服，說漢語，改姓氏，定族姓，分甲乙丙丁四等，明「膏粱」（三世爲三公）、「華腴」（三世爲令僕）之分，辨士庶門第之別，凡士族著姓，世爲清官，不充猥任。這樣就以制度的形式規定了高門大姓的門閥地位。盧玄支系作爲范陽盧氏的著房與清河崔氏、滎陽鄭氏、太原王氏一起成爲北方最高門第。

孝文帝還大力提倡拓跋氏與漢人士族的婚姻，自己率先垂範納范陽盧敏等大族之女「以充後宮」，史載：

〔註57〕《魏書》卷四七《盧玄傳》，《北史》卷三〇《盧玄傳》。
〔註58〕《魏書》卷四七《盧玄傳》，《北史》卷三〇《盧玄傳》。
〔註59〕《晉》卷四四《盧諶傳》。
〔註60〕《魏書》卷四七《盧玄附子度世傳》。
〔註61〕《魏書》卷四七《盧玄附盧昶傳》。

> 魏主雅重門族，以范陽盧敏、清河崔宗伯、滎陽鄭羲、太原王瓊四姓，衣冠所推，咸納其女以充後宮。隴西李沖以才識見任，當朝貴重，所結姻婭，莫非清望；帝亦以其女爲夫人。〔註62〕

不僅如此，孝文帝還認識到與士族聯姻對於「父子君臣、禮義忠孝」的巨大意義，下詔爲宗室諸王選配士族女子：

> 夫婚姻之義，曩葉攸崇；求賢擇偶，綿代斯慎。故剛柔著於《易經》，《鵲巢》載於《詩》典，所以重夫婦之道，美尸鳩之德，作配君子，流芳後昆者也。然則婚者，合二姓之好，結他族之親，上以事宗廟，下以繼後世，必敬慎重正而後親之。夫婦既親，然後父子君臣、禮義忠孝，於斯備矣。太祖龍飛九五，始稽遠則，而撥亂創業，日昃不暇。至於諸王娉合之儀，宗室婚姻之戒，或得賢淑，或乖好逑。自茲以後，其風漸缺，皆人乏窈窕，族非百兩，擬匹卑濫，舅氏輕微，違典滯俗，深用爲歎。以皇子茂年，宜簡令正，前者所納，可爲妾媵。將以此年爲六弟娉室。長弟咸陽王禧可娉故潁川太守隴西李輔女，次弟河南王幹可娉故中散代郡穆明樂女，次弟廣陵王羽可娉驃騎諮議參軍滎陽鄭平城女，次弟潁川王雍可娉故中書博士范陽盧神寶女，次弟始平王勰可娉廷尉卿隴西李沖女，季弟北海王詳可娉吏部郎中滎陽鄭懿女。〔註63〕

同時，士族內部也互相結爲姻親，以互相提攜。如范陽盧氏與清河崔氏、隴西李氏在北魏時期婚宦密不可分。太武一朝，崔浩任司徒，掌選舉，積極推動拓跋氏的漢化改革，以建立胡漢士族聯合政權，於是與范陽盧氏等士族加強合作，李沖因其並非漢魏舊族而產生自卑心理，憑藉其政治優勢與盧氏結親，因此士族高門之間形成了一個利益共同體。盧玄支系政治上的巨大成功也與身處這個利益共同體有關。當然這個共同體也不是沒有風險，450年崔浩「國史之獄」事發，范陽盧氏也受到了牽連，受到崔浩重用的盧遐這一支系在此之後沉寂，史書中不見關於其後人的記載。崔浩案發時，盧玄已經過世，但其子盧度世被迫逃走，「度世後以崔浩事，棄官逃於高陽鄭罷家，罷匿之。使者囚罷長子，將加捶楚。罷戒之曰：『君子殺身以成仁，汝雖死勿言。』子奉父命，遂被考掠，至乃火爇其體，因以物故，卒無所言。度世後令弟娶罷

〔註62〕引文見《資治通鑒》卷一四〇齊明帝建武三年（北魏太和二十年）春正月條。
〔註63〕《魏書》卷二一上《獻文六王傳・咸陽王》。

妹，以報其恩。」〔註64〕盧度世被免官藏匿於鄭羆家中，鄭羆令其長子舍生取義，挽救了度世的性命，度世從此亡命江湖。太武帝南征時向劉宋使節黃延年詢問：「范陽盧度世坐與崔浩親通，逃命江表，應已至彼？」黃延年回答並沒有見盧度世逃往江南，因此太武帝「詔東宮赦度世宗族逃亡及籍沒者」，被赦免後，盧度世進京任中書侍郎。范陽盧氏與崔浩家族世代姻親，關係非同尋常，崔浩被誅，「清河崔氏無遠近，范陽盧氏、太原郭氏、河東柳氏，皆浩之姻親，盡夷其族」〔註65〕，不過耐人尋味的是相比其他家族，范陽盧氏所受的損失並不算大〔註66〕。

　　盧玄一支後來與范陽鄉里的關係逐漸疏遠，鄉里根基不如先前那麼鞏固。這是因爲盧玄一支長期在京城任職，並且很少擔任范陽及幽州的地方官員，家族成員大部分居住在京城。在這種情況下，盧玄一支最初還能保持京城與鄉里兩地往返和溝通聯絡，後來由於戰亂、宗支矛盾、交通等因素與鄉里關係漸遠，這就造成了該宗支逐漸喪失了鄉里的支持，喪失了緩衝力量。這樣，一旦在政治上失勢，該宗支就迅速衰落下去。而最初官宦不顯的旁支久居鄉里，經營田莊經濟，實力雄厚，一旦機會來臨，便能乘勢而起，盧溥一支的崛起就是例證。

（三）盧溥漁陽起兵

　　盧溥，北魏初年「總攝鄉部，屯於海濱，遂殺其鄉姻諸祖十餘人，稱征北大將軍、幽州刺史，攻掠郡縣。天興中討禽之」〔註67〕，盧溥很可能是當時范陽盧氏中居於領袖地位的人物，盧溥最初仕於後燕慕容氏，但在後燕慕容寶棄中山北奔後歸降北魏，並在北魏政權任河間太守，但由於地方大族利益關係，盧溥再次投靠後燕，並且起兵進攻北魏，爲北魏所殺。我們先看以下史料記載：

> （天興二年八月）遣太尉穆崇率騎六千往赴之。增啓京師十二門。作西武庫。除州郡民租賦之半。辛亥，詔禮官備撰眾儀，著于新令。范陽人盧溥，聚眾海濱，稱使持節、征北大將軍、幽州刺史，

〔註64〕《魏書》卷四七《盧玄附子度世傳》，《北史》卷三〇《盧玄附子度世傳》。

〔註65〕《魏書》卷三五《崔浩傳》。

〔註66〕詳參張金龍：《北魏政治史》第四冊，甘肅教育出版社，2008年9月，第308～316頁。

〔註67〕《魏書》卷四七《盧玄附盧溥傳》。

攻掠郡縣，殺幽州刺史封沓干。……三年春正月戊午，和突破盧溥於遼西，生獲溥及其子煥，傳送京師，轘之。〔註68〕

（隆安三年 399）魏前河間太守盧溥帥其部曲數千家就食漁陽，遂據有數郡。秋，七月，己未，燕主盛遣使拜溥幽州刺史。……盧溥受燕爵命，侵掠魏郡縣，殺魏幽州刺史封沓干。〔註69〕

（隆安四年 400）魏材官將軍和跋襲盧溥於遼西，戊午，克之，禽溥及其子煥送平城，車裂之。燕主盛遣廣威將軍孟廣平救溥不及，斬魏遼西守宰而還。〔註70〕

盧溥率領部曲數千家在漁陽起兵之時，正值「魏王珪罷中山之圍，就穀河間，督諸郡義租」，北魏對幽州的爭奪不僅危及到盧溥在這一地區的家族勢力，而且也觸及了盧氏家族的家族利益，故此盧溥集合部眾，對抗北魏。

盧溥父子被殺後，這一支系一蹶不振，不僅失去了賴以稱雄鄉里的武裝力量，而且後世子孫多年沉寂無聞，降為衰宗。北魏太和年間，盧溥玄孫盧洪開始重又登上歷史舞臺。盧溥支系在北魏時期的政治地位與盧玄一支相差深遠，但由於其為高門大姓，主要成員長期居住在范陽鄉間，所以仍有著很高的社會地位，盧溥五世孫盧崇「兄弟官雖不達，至於婚姻，常與玄家齊等」〔註71〕。

盧溥宗支雖然面臨窘境，但因居於鄉里，所受打擊較小，得以積蓄力量，乘時而起，典型表現是盧文偉修復督亢陂。史載：

盧文偉，字休族，范陽涿人也。為北州冠族。父敞，出後伯假。文偉少孤，有志尚，頗涉經史，篤於交遊，少為鄉閭所敬。州辟主簿。年三十八，始舉秀才。除本州平北府長流參軍，說刺史裴俊按舊迹修督亢陂，溉田萬餘頃，民賴其利，修立之功，多以委文偉。文偉既善於管理，兼展私力，家素貧儉，因此致富。

孝昌中，詔兼尚書郎中，時行臺常景啓留為行臺郎中。及北方將亂，文偉積稻穀於范陽城，時經荒儉，多所賑贍，彌為鄉里所歸。〔註72〕

〔註68〕《魏書》卷二《太祖道武帝紀》。
〔註69〕《資治通鑒》卷一百一十一《晉紀》安帝隆安三年六月。
〔註70〕《資治通鑒》卷一百一十一《晉紀》安帝隆安四年正月。
〔註71〕《魏書》卷四七《盧玄傳》。
〔註72〕《北齊書》卷二二《盧文偉傳》。

北魏孝明帝時，幽州地區旱澇不保，災害頻仍，農田水利設施的修建顯得重要。督亢陂是一條舊水渠，長達 50 多里，這樣大規模的工程，需要依靠政府的財力物力支持，但在工程的具體實施上政府又不能不借助當地的宗族力量，故「修立之功，多以委文偉」，而盧文偉也因這個工程，壯大了宗族力量，盧溥子孫重又崛起。

（四）北朝後期的范陽盧氏

北魏末年，六鎮兵起，幽州范陽地區重又成為兵家必爭之地，魏孝莊帝永安二年，葛榮部韓樓在薊州城起兵，盧文偉「率鄉閭屯守范陽，與樓相抗。乃以文偉行范陽郡事。防守二年，與士卒同勞苦，分散家財，拯救貧乏，莫不人人感說。爾朱榮遣將侯深討樓，平之。文偉以功封大夏縣男，邑二百戶，除范陽太守」。除了盧文偉，其他支系的盧氏也參與了對韓樓的戰鬥，如四房盧氏中的盧文翼，當時罷官歸田，正好在鄉間修養，「永安中，為都督，守范陽三城，拒賊帥韓樓有功，賜爵范陽子」〔註 73〕。這時范陽地區盧氏家族的勢力又強盛起來，後來盧文偉及其子孫入仕東魏北齊系統，盧溥支系恢復了往日的輝煌。

北魏末年局勢混亂，北方六鎮及河北、山東、關隴相繼發生起義，528 年又發生了河陰之變。歷經十餘年動亂之後，形成了東西兩個勢力較大的割據政權，東方是高歡，關中是宇文泰。534 年，孝武帝元脩和高歡的矛盾尖銳化，遂向西逃奔宇文泰，幾個月後，高歡又立元善見為帝（孝靜帝），攜京都洛陽文武官員遷都鄴。元脩逃到關中後，不久也被殺害，535 年，宇文泰立元寶矩為帝（文帝），以長安為首都，北魏遂分為東、西兩半。隨著拓跋氏政權的分裂，范陽盧氏也相應地有了分化，盧玄支系因其族眾都在洛陽而且東魏控制著山東地區，幾乎全部跟隨高氏任職東魏政權。盧溥支大部分也投靠了東魏，只有盧柔仕西魏，因為盧柔曾為賀拔勝謀主，後南投梁朝，從梁入西魏。盧輔一支除了盧景裕、盧斐、盧勇出仕東魏外，大多投奔了西魏，盧景裕因「據鄉作逆」被擒，然後入仕東魏，而盧斐因其父與高氏交情莫逆因此入仕東魏。盧晏支系的盧誕入西魏，官至國子祭酒、車騎大將軍、儀同三司。其在東西魏的仕宦情況如下表：

〔註 73〕《北齊書》卷二二《盧文偉傳》。

表一三：范陽盧氏東、西魏入仕情況統計表

范陽盧氏	房　支	入仕政權	官位（卒官）
盧懷仁	盧玄支盧淵房	東魏	太尉鎧曹參軍
盧景緒	盧玄支盧淵房	東魏	儀同開府錄事參軍
盧道虔	盧玄支盧淵房	東魏	都官尚書、本州大中正、幽州刺史、加衛大將軍
盧正達	盧玄支盧淵房	東魏	征虜將軍、太尉記室參軍
盧景熙	盧玄支盧淵房	東魏	儀同開府諮議
盧道約	盧玄支盧淵房	東魏	衛大將軍、兗州刺史
盧遜之	盧玄支盧敏房	東魏	太尉記室參軍
盧世猷	盧玄支盧敏房	東魏	齊王開府參軍
盧景開	盧玄支盧敏房	東魏	儀同開府屬
盧元明	盧玄支盧昶房	東魏	尚書右丞、兼黃門郎，本州大中正
盧士偉	盧玄支盧尚之房	東魏	中散大夫
盧潛	盧玄支盧尚之房	東魏	齊文襄王中外府中兵參軍
盧柔	盧溥支	西魏	小內史大夫、開府儀同三司
盧叔矩	盧溥支	東魏	司徒諮議參軍
盧叔彪	盧溥支	東魏	尚書郎
盧文偉	盧溥支	東魏	驃騎大將軍、青州刺史
盧恭道	盧溥支	東魏	龍驤將軍、范陽太守
盧懷道	盧溥支	東魏	平西將軍、光祿大夫、烏蘇鎮城都督
盧宗道	盧溥支	東魏	尚書郎、通直散騎常侍後行南營州刺史
盧斐	盧輔支	東魏	文襄王大將軍府掾
盧景裕	盧輔支	東魏	補齊王開府屬
盧辯	盧輔支	西魏	小宗伯、大將軍、范陽郡公
盧光	盧輔支	西魏	虞州刺史、陝州總管府長史、燕郡公
盧勇	盧溥支	東魏	儀同三司、陽州刺史
盧誕	盧晏支	西魏	國子祭酒、車騎大將軍、儀同三司

　　入仕西魏北周系統的盧氏漸漸與關隴集團合流。西魏初期，國力弱於東魏，宇文泰集團不僅軍事上弱於高歡集團，而且經濟上由於地理條件的限制，關隴地區也遠遠不如山東地區富庶。宇文泰集團在這種不利的條件下，爲了與東魏和南朝成鼎足之勢，決定在戰爭中求生存，因此上層統治集團重視武功軍事，隨元脩入關的胡漢士族也以武功見長，另一方面，宇文泰集團依靠漢族士族，如蘇綽、盧辯、盧柔等。盧辯以其才學，成爲宇文泰託古改制的股肱之臣，累遷尚書令，盧柔「與郎中蘇綽掌機密」，「書翰往復，日百餘牒」，官至中書監；盧誕「儒宗學府」，爲諸王師，官至國子祭酒、車騎大將軍、儀同三司；盧光「精於三禮」，官至侍中、虞州刺史。西魏北周崇尚武功而且在選官制度上不限門蔭，這樣就剝奪了世家大族憑藉門資入仕、坐至公卿的通道，士族階層所依賴的世襲政治特權逐步喪失。

　　由於范陽地處北齊境內，所以入仕東魏北齊系統的范陽盧氏成員較多。特別是盧溥支系，在東魏至北齊初，以盧文偉爲首的盧溥一支的勢力發展很快，盧文偉本人在東魏時擔任驃騎大將軍、青州刺史，因修復督亢陂工程而壯大了家族力量，其長子盧恭道官至范陽太守，掌管著范陽本族郡望，次子盧懷道，平西將軍、光祿大夫，三子盧宗道，歷尚書郎、通直散騎常侍。北齊初年，盧氏家族控制地方政權，鄉曲眾多，家族武裝力量強大，一度成爲北齊高氏之心腹之患。范陽盧景裕以明經著稱，曾是北齊文宣皇帝高洋的老師；盧潛爲文襄王所重用，在淮南一帶駐守十三年，爲南朝所憂患。

　　建德六年（577 年），北周武帝率部進攻北齊，北齊幽州刺史潘子晃舉城投降，范陽被北周收復，原來出仕東魏北齊系統的盧氏淪爲亡國之臣。而北周是關隴集團的勢力，他們對山東世家大族持有排斥打擊的態度，蔑視山東大姓的高貴門第，周武帝將盧氏女賜予部將爲妾，這讓范陽盧氏感到自己的門第受到了侮辱。爲了維護范陽盧氏高門的尊嚴和家族利益，也爲了從宇文氏手中奪回范陽，宣政元年（578 年）范陽盧昌期領導范陽族人發動了叛亂。史載：「幽州人盧昌期據范陽反，詔柱國、東平公宇文神舉率眾討平之。」〔註74〕「幽州人盧昌期、祖英伯等聚眾據范陽反，詔（宇文）神舉率兵擒之。齊黃門侍郎盧思道亦在反中，賊平見獲，解衣將伏法。」〔註75〕

　　盧昌期當爲范陽盧氏盧玄支大房盧道虔之子，爲元氏所生，庶出。然而

〔註74〕《周書》卷七《宣帝紀》。
〔註75〕《周書》卷四〇《宇文神舉傳》。

此時范陽的力量已不如盧文偉時那麼強大，而且北周實力強大，宇文神舉作戰勇猛，因此盧昌期不佔優勢。當時北齊范陽王高紹義即皇帝位，改元武平元年，盧昌期也想借高紹義的力量來助自己一臂之力，「盧昌期據范陽，亦表迎紹義。俄而周將宇文神舉攻滅昌期。」〔註76〕但未等到高紹義行軍范陽，范陽城已經被宇文神舉攻破，盧昌期叛亂很快就失敗了。

綜上，永嘉之亂後，范陽盧氏只有盧諶一支的子孫南渡，而且渡江較晚，漂泊南朝，官宦不顯，備受冷落，雖然盧循率眾鬥爭了十幾年，也因實力懸殊而以失敗告終。范陽盧氏的主體成員仍然生活在北方，面臨胡族來犯，盧氏族人駐守范陽郡望，後來後燕控制幽州地區，范陽盧氏便投靠了後燕政權。北魏拓跋氏一朝是范陽盧氏的政治高峰期，拓跋氏兩度遷都，不斷任用漢族士族推進漢化改革，范陽盧氏「首應旌命」，入仕北魏，後世子孫居高官者，代不乏人。北魏分裂，范陽盧氏由於政治取向和私人恩怨，亦隨之分化，分別入仕東魏北齊系統和西魏北周系統。

魏晉以來國家分裂，社會局勢動蕩不安，基層政權組織瓦解，在國家體制外普遍形成了自治團體，如戰亂時期廣泛存在的塢壁及其演變形成的地主莊園，這些基層組織掌握在強宗大族手裏，他們壟斷鄉村，左右地方政治，其強大者甚至影響中央，使得從中央到地方的政權都必須與他們合作、妥協，才能獲得安定。魏晉南北朝士族的強勢，就在於其紮根鄉村，擁有廣泛的群眾基礎和鄉里根基，而且由於魏晉以來的學術家族化，使得強宗大族獲得文化上的聲望和影響力，地方勢力、經濟基礎和文化權力結合而形成的士族，使得國家重新整合統一社會時，首先要把他們納入國家體制之內，而後將國家權力滲透鄉村組織之中，這必然是一個緩慢的過程，而且這個過程必然要借助士族的參與來完成。面對國家分裂造成的社會現狀，新建立的國家政權都不能不重用士族豪強以獲得統治基礎，這就是南北朝都大量吸收士族進入國家政權的原因所在。

范陽盧氏等世家大族在北朝入局統治集團，反映出胡漢聯合政權的建立，少數民族和漢族從上層至下層開始了大規模的融合，這兩種融合是雙向互動的。少數民族向漢族輸出的主要是政治權力，而漢族向少數民族輸出的則是農耕文明和禮法文化，這實際上是兩種文化之間的融合。而且這種文化融合過程中存在有一個強勢與弱勢的二律悖反現象，代北胡人最初入主中

<hr>

〔註76〕《北史》卷五二《范陽王高紹義傳》。

原，征服了中原農耕文明，居於一種強勢的話語權，理應是單向輸出胡族文化，漢族被動接受。然而胡族政權是一個武力強悍而缺乏禮法文化的野蠻部落，來到中原後武力上的強勢地位迅速轉變爲文化上的弱勢地位，隨著統治的深入，胡族政權不得不進行自身的漢化，瘋狂地汲取漢族禮法文化。所以，這種文化交融雖然是雙向的，然而實際上並不是對等的，主要表現爲漢族禮法文化的輸出，而原本強勢的胡族政權反而變成了被動的一方，逐步被漢族禮法文化所同化。

第五章　魏晉南北朝范陽盧氏的婚姻狀況

　　中古時期確定士族高門的標準主要是仕宦與婚姻，「朝廷每選舉人士，則校其一婚一宦，以爲升降」〔註1〕。婚姻和仕宦關係著士族高門之前途，所以世家大族對於婚姻異常重視，婚姻的重要性已不僅僅是男女雙方當事人的人生大事，而是事關兩個家族門第和興旺的家族大事。魏晉南北朝時期范陽盧氏的婚姻關係也表現出了鮮明的時代特徵。

一、對魏晉南北朝范陽盧氏婚姻關係的統計分析

　　關於魏晉時期范陽盧氏婚姻情況的史料目前十分有限，僅就《晉書》中所能見到的幾例婚姻列表如下：

表一四：魏晉時期范陽盧氏的婚姻關係統計表

序號	范陽盧氏	他　氏	史料來源
1	范陽 盧氏	平原 劉實	《晉書》卷 41《劉實傳》
2	范陽 盧毓女	平原 華廙	《晉書》卷 44《華表附子廙傳》
3	范陽 盧氏	袁毅	《晉書》卷 44《華表附子廙傳》
4	范陽 盧循	琅邪 孫恩妹	《晉書》卷 100《孫恩盧循傳》
5	范陽 盧循姊	徐道覆	《晉書》卷 100《孫恩盧循傳》

〔註 1〕 《魏書》卷六○《韓麒麟傳附韓顯宗傳》。

從此表，可以大略看出，魏晉時期范陽盧氏的姻親對象爲平原劉氏、平原華氏、袁氏、琅琊孫氏、徐氏，這些通婚對象也多爲當時的名門豪族，盧循因領導了反晉鬥爭，因此其姊弟的兩例婚姻對象都是當時反晉起義軍內部的領袖。從僅有的這五例婚配來說，雖然以大族作爲主要聯姻對象，但都是一些不入流的家族，並不是聲望卓著的文化世族，說明當時范陽盧氏的社會交際圈仍限制在一個較小而且較低的層次，這與當時范陽盧氏剛剛崛起，尚未形成穩固的世家大族地位有關。但這一時期范陽盧氏畢竟在朝中官居顯位，有了一定的地位，可以推測肯定會有一些盧氏精英如盧毓、盧欽、盧志、盧諶等高官與高門大姓結親，只是限於史料，我們僅能作此主觀推測而已。但有迹象表明，在婚姻關係上，范陽盧氏已經開始與皇室聯姻了，如盧諶「選尚武帝女滎陽公主，拜駙馬都尉，未成禮而公主卒」〔註2〕，雖然盧諶與滎陽公主婚姻最終未有結成，但至少表明范陽盧氏已經能夠與皇室談婚論嫁了。因史料匱乏，魏晉時期范陽盧氏的婚姻狀況無法作進一步地深入探究。

關於南朝范陽盧氏的史料記載本就較爲稀少零亂，關於其婚姻的資料更是難以搜求，故不列入考察範圍。本節主要對北朝時期范陽盧氏的婚姻狀況進行統計分析。

首先依據史料對北朝時期范陽盧氏的婚姻關係進行統計。筆者通過對《魏書》、《北齊書》、《北史》等傳世文獻及《漢魏南北朝墓誌集釋》〔註3〕和《漢魏南北朝墓誌彙編》〔註4〕等墓誌資料的檢索，製作了三個表格，表一五爲北朝范陽盧氏與他氏婚姻關係統計表，表一六爲范陽盧氏與北魏皇室聯姻統計表，表一七爲范陽盧氏與北齊皇室聯姻統計表。

表一五：北朝范陽盧氏與他氏婚姻關係統計表

序號	范陽盧氏	他　氏	史料來源
1	范陽　盧諶孫女	清河　崔宏	《魏書》卷35《崔浩傳》 《北史》卷21《崔宏傳附子浩傳》
2	范陽　盧玄	清河　崔宏女	《魏書》卷47《盧玄傳》 《北史》卷30《盧玄傳》

〔註2〕《晉書》卷四四《盧欽傳》。
〔註3〕趙萬里：《漢魏南北朝墓誌集釋》，廣西師範大學出版社，2008年版。
〔註4〕趙超：《漢魏南北朝墓誌彙編》，天津古籍出版社，1992年版。

序號	范陽盧氏	他　氏	史料來源
3	范陽 盧觀姊妹	隴西 李瑾	《魏書》卷 39《李寶傳附子瑾傳》
4	范陽 盧道亮妹	隴西 李瑾	《北齊書》卷 29《李璵傳》
5	范陽 盧道約姊	隴西 李延勳	《魏書》卷 47《盧玄傳》 《北史》卷 30《盧玄傳》
6	范陽 盧叔彪姊	隴西 李曉	《北史》卷 100《序傳》
7	范陽 盧元禮	趙郡 李叔胤女	《北史》卷 91《貞孝女宗傳》 《魏書》卷 92《列女傳》
8	范陽 盧道裕	隴西 李令妃（李沖女）	《漢魏南北朝墓誌彙編》第 148 頁《魏故使持節假黃鉞侍中太師領司徒都督中外諸軍事彭城武宣王妃李氏墓誌銘》
9	范陽 盧文構	隴西 李月相	《漢魏南北朝墓誌集釋》403《盧文構墓誌》
10	范陽 盧元明	隴西 李充妹	《北史》卷 100《序傳》
11	范陽 盧元明	滎陽 鄭嚴祖妹	《魏書》卷 39《李寶傳》 《魏書》卷 47《盧玄傳附曾孫元明傳》 《北史》卷 30《盧玄傳附曾孫元明傳》
12	范陽 盧道亮	太原 王瓊女	《魏書》卷 38《王慧龍傳附子寶興傳》 《北史》卷 35《王慧龍附子寶興傳》
13	范陽 盧遐女	太原 王寶興	《魏書》卷 38《王慧龍傳附子寶興傳》 《北史》卷 35《王慧龍附子寶興傳》
14	范陽 盧玄姊	渤海 封懿	《魏書》卷 32《封懿傳》 《北史》卷 24《封懿傳》載：「懿妻，盧玄女也。」
15	范陽 盧遐	清河 崔浩女	《魏書》卷 38《王慧龍傳附子寶興傳》 《北史》卷 35《王慧龍附子寶興傳》
16	范陽 盧度世	清河 崔賾女	《漢魏南北朝墓誌集釋》37《肅宗充華盧令媛墓誌》 《漢魏南北朝墓誌彙編》第 127 頁《魏故充華嬪盧氏墓誌銘》
17	范陽 盧淵	趙郡 李孝伯女	《漢魏南北朝墓誌集釋》37《肅宗充華盧令媛墓誌》 《漢魏南北朝墓誌彙編》第 127 頁《魏故充華嬪盧氏墓誌銘》

序號	范陽盧氏	他 氏	史料來源
18	范陽 盧道約	榮陽 鄭道昭女	《漢魏南北朝墓誌集釋》37《肅宗充華盧令媛墓誌》 《漢魏南北朝墓誌彙編》第 127 頁《魏故充華嬪盧氏墓誌銘》
19	范陽 盧度世弟	高陽 鄭羆妹	《魏書》卷 47《盧玄傳》 《北史》卷 30《盧玄傳》
20	范陽 盧度世女	河南 陸安保	《魏書》卷 40《陸俟傳》 《北史》卷 28《陸俟傳》
21	范陽 盧道約女	安定 胡延之	《北齊書》卷 9《武成胡后傳》
22	范陽 盧道處女	郭瓊之子	《北齊書》卷 24《陳元康傳》 《北史》卷 55《陳元康傳》
23	范陽 盧莊女	渤海 封述	《北齊書》卷 43《封述傳》 《北史》卷 24《封懿傳》
24	范陽 盧氏	東平 畢義雲	《北齊書》卷 47《畢義雲傳》 《北史》卷 39《畢眾敬傳》
25	范陽 盧氏	趙郡 李士謙	《北史》卷 33《李孝伯傳》 《隋書》卷 77《隱逸傳李士謙傳》
26	范陽 盧景璋	秀榮 尒朱兆女	《北史》卷 14《彭城太妃尒朱氏傳附小尒朱氏傳》
27	范陽 盧尚之女	清河 崔㥄	《北史》卷 24《崔逞傳》
28	范陽 盧尚之女	清河 崔愍	《北史》卷 24《崔逞傳》
29	范陽 盧道虔	司馬氏	《魏書》卷 47《盧玄傳》 《北史》卷 30《盧玄傳》
30	范陽 盧正通	謝氏	《魏書》卷 47《盧玄傳》 《北史》卷 30《盧玄傳》
31	范陽 盧士游	太原 王松年妹〔註5〕	《北史》卷 42《劉芳傳》
32	范陽 盧氏	洛陽 房謨之子	《北史》卷 55《房謨傳》
33	范陽 盧氏	清都 和士休	《北史》卷 55《馮子琮傳》

〔註 5〕 《北史》卷五六《魏收傳》載:「時太原王松年亦謗史,及斐、庶並獲罪,各被鞭配甲坊,或因以致死。盧思道亦抵罪。」可知王松年為太原王氏。

序號	范陽盧氏	他　氏	史料來源
34	范陽 盧文翼女	趙郡 李騫	《漢魏南北朝墓誌彙編》第 328 頁《魏故使持節侍中都督冀相殷四州諸軍事驃騎大將軍定州刺史尚書令儀同三司文靜李公墓誌銘》
35	范陽 盧文符女	趙郡 李希禮	《漢魏南北朝墓誌彙編》第 328 頁《魏故使持節侍中都督冀相殷四州諸軍事驃騎大將軍定州刺史尚書令儀同三司文靜李公墓誌銘》
36	范陽 盧巘 （興宗）	魯郡 孔氏	《漢魏南北朝墓誌集釋》150《元融妃盧貴蘭墓誌》、《漢魏南北朝墓誌彙編》第 371 頁《魏故使持節侍中司徒公都督雍華岐並揚青五州諸軍事車騎大將軍雍州刺史章武王妃盧墓誌銘》
37	范陽 盧延集	趙郡 李氏	《漢魏南北朝墓誌集釋》150《元融妃盧貴蘭墓誌》、《漢魏南北朝墓誌彙編》第 371 頁《魏故使持節侍中司徒公都督雍華岐並揚青五州諸軍事車騎大將軍雍州刺史章武王妃盧墓誌銘》
38	范陽 盧修娥 （盧文甫女）	博陵 崔昂	《漢魏南北朝墓誌彙編》第 432 頁《范陽盧修娥墓誌》
39	范陽 盧公順	博陵 崔昂女	《漢魏南北朝墓誌彙編》第 433 頁《齊故祠部尚書趙州刺史崔公墓誌之銘》

表一六：范陽盧氏與北魏皇室聯姻統計表

序號	拓跋氏宗室	范陽盧氏	史料來源
1	高祖 孝文帝	盧敏女	《魏書》卷 47《盧玄附敏傳》 《北史》卷 30《盧玄附敏傳》
2	元壽安	盧延集女蘭	《漢魏南北朝墓誌集釋》118《元壽安妃盧蘭墓誌並蓋》 《漢魏南北朝墓誌彙編》第 491 頁《魏故使持節侍中驃騎大將軍開府尚書左僕射雍州刺史司空公始平文貞公國太妃盧氏墓誌銘》
3	章武王元融	盧延集女貴蘭	《漢魏南北朝墓誌集釋》150《元融妃盧貴蘭墓誌》 《漢魏南北朝墓誌彙編》第 371 頁《魏故

序號	拓跋氏宗室	范陽盧氏	史料來源
			使持節侍中司徒公都督雍華岐並揚青五州諸軍事車騎大將軍雍州刺史章武王妃盧墓誌銘》
4	元亮	盧（元）聿女	《漢魏南北朝墓誌集釋》78《元乂墓誌並蓋》、《漢魏南北朝墓誌彙編》第181頁《魏故使持節侍中驃騎大將軍儀同三司尚書令冀州刺史江陽王元公之墓誌銘》
5	元略	盧尚之女眞心	《漢魏南北朝墓誌集釋》139《元略墓誌》《漢魏南北朝墓誌彙編》第237頁《魏故侍中驃騎大將軍儀同三司尚書令徐州刺史太保東平王元君墓誌銘》
6	高陽王雍	盧神寶女	《魏書》卷21《高陽王雍傳》《北史》卷19《高陽王雍傳》《北史》卷30《盧玄傳》
7	孝明帝	盧道約女盧令媛	《北史》卷13《后妃傳》《漢魏南北朝墓誌集釋》37《肅宗充華盧令媛墓誌》《漢魏南北朝墓誌彙編》第127頁《魏故充華嬪盧氏墓誌銘》
8	元恭父	范陽盧氏	《漢魏南北朝墓誌彙編》第297頁《魏故使持節假車騎將軍都督晉建南汾三州諸軍事鎮西將軍晉州刺史大都督節度諸軍事兼尚書左僕射西北道大行臺平陽縣開國子元君墓誌》
9	獻文帝女樂浪長公主	盧道裕	《魏書》卷47《盧玄傳》《北史》卷30《盧玄傳》
10	孝文帝女濟南長公主	盧道虔	《魏書》卷47《盧玄傳》《北史》卷30《盧玄傳》
11	元氏	盧道虔	《魏書》卷47《盧玄傳》《北史》卷30《盧玄傳》
12	孝文帝女義陽長公主	盧元聿	《魏書》卷47《盧玄傳》《北史》卷30《盧玄傳》
13	元務光父	范陽盧氏	《北史》卷91《列女傳元務光母盧氏傳》
14	臨淮王或女	盧柔	《北史》卷30《盧柔傳》

表一七：范陽盧氏與北齊皇室聯姻統計表

序號	北齊高氏宗室	范陽盧氏	史料來源
1	任城王湝	盧叔矩女	《北齊書》卷 10《任城王湝傳》 《北齊書》卷 42《盧潛傳》
2	河南王孝瑜妃	盧正山女	《北齊書》卷 11《河南康舒王孝瑜傳》 《北史》卷 52《河南康獻王孝瑜傳》

　　根據上面三個表格的統計，我們分房支整理出北朝時期范陽盧氏婚媾對象的分佈情況，如下表：

表一八：北朝范陽盧氏婚媾對象分佈表

	盧玄支	盧溥支	盧輔支	盧巇支	支系不明	總　計
清河崔氏	5				1	6
趙郡李氏	3			1	2	6
隴西李氏	4	2			1	7
滎陽鄭氏	2					2
太原王氏	2				1	3
魯郡孔氏				1		1
渤海封氏	1				1	2
高陽鄭氏	1					1
河南陸氏	1					1
安定胡氏	1					1
東平畢氏					1	1
秀榮尒朱氏					1	1
郭氏	1					1
司馬氏	1					1
謝氏	1					1
洛陽房氏					1	1
清都和氏					1	1
博陵崔氏	2					2
北魏拓跋氏	8	1		2	3	14
北齊高氏	1	1				2
總　計	34	4	0	4	13	55

表一八顯示出，北朝范陽盧氏的婚姻關係限定在一個相對固定的圈子裏，藉以維護門第等級。柳沖說：「山東重婚婭」，此言不虛。與范陽盧氏結親的姻親中，漢人士族佔了 70％以上，其中崔、李、鄭、王四姓又佔了將近一半。而范陽盧氏內部，盧玄支的婚姻狀況史料記載較爲詳細，婚媾對象也較爲廣泛。盧溥支系在北魏時期政治地位與盧玄一支相差較遠，但由於其爲高門大姓，仍有很高的社會地位，因而在婚姻締結上仍然保持著高門之間的士族婚姻，盧溥支系中盧崇「兄弟官雖不達，至於婚姻，常與玄家齊等」〔註6〕，只是由於相比盧玄支，官宦不那麼顯赫，所以史料記載較少。而有些支系如盧輔支的婚姻狀況史料記載闕如，不免讓人遺憾。

二、范陽盧氏婚姻關係的社會學分析

（一）范陽盧氏的婚姻顯示出極強的門第觀念

從前文統計表中可以看出，與范陽盧氏互相聯姻的士族之間基本上政治地位、門第大致相當，由於聯姻結成了政治同盟，在政治上相互提攜照顧，維持彼此的政治利益不墜。北魏前期清河崔氏和范陽盧氏的聯姻最能說明這一點，清河崔氏崔宏支與范陽盧玄支在當時地位相當，皆爲北方一流高門，是締結婚姻的最佳對象，因此兩家頻繁婚媾，崔宏之妻爲盧諶之孫女，故盧諶曾孫盧玄與崔宏之子崔浩是表兄弟〔註7〕；盧玄之子盧度世娶崔浩從弟崔賾之女〔註8〕，崔浩之女嫁與盧度世從兄盧遐〔註9〕。盧玄和崔浩同在拓跋氏朝中稱臣，位高權重，政治地位相埒。崔浩拉攏盧玄等人共同推進漢化改革，而盧玄也靠崔浩的地位發展范陽盧氏的勢力，如盧度世和盧遐都得到了崔浩的舉薦〔註10〕。終東晉南北朝，崔盧兩家關係密切，姻親也較爲頻繁。崔盧

〔註6〕《魏書》卷四七《盧玄傳》。
〔註7〕《魏書》卷三五《崔浩傳》。
〔註8〕《魏故充華妃盧（令媛）氏墓誌銘》：「曾祖度世，字子遷，散騎常侍太常卿使持節鎮遠將軍濟州刺史固安惠侯。夫人清河崔氏。父賾，散騎常侍大鴻臚卿使持節平東將軍青冀二州刺史清河侯。祖諱淵，字伯源，散騎常侍尚書始平王師祕書監使持節安北將軍幽州刺史固安懿侯。夫人趙郡李氏。父孝伯，散騎常侍尚書使持節平西將軍泰州刺史宣城公。父道約，字季恭，今司空錄事參軍。妻熒陽鄭氏。父道昭，國子祭酒祕書監使持節鎮北將軍光青相三州刺史文恭侯。」見趙超：《漢魏南北朝墓誌彙編》，天津古籍出版 1992 年版，第 127 頁。
〔註9〕《魏書》卷三八《王慧龍傳》。
〔註10〕《魏書》卷四六《李訢傳》：「初，李靈爲高宗博士、諮議，詔崔浩選中書學生器業優者爲助教。浩舉其弟子箱子與盧度世、李敷三人應之。」

兩個世家大族歷史命運有諸多相似之處，都是齊國貴族後裔，皆於魏晉時期起家成爲世家大族，門當戶對，自然相交密切。清河崔氏與范陽盧氏的交往最早始於曹魏時期，盧毓時任吏部尚書，執掌選舉，對崔琰有知遇之恩。永嘉以後，崔悅與盧諶曾共事石氏後趙政權。後燕時期，清河崔遹在盧氏郡望范陽任太守。崔盧聯姻爲范陽盧氏帶來了政治上的顯達和門第的高貴，但也因崔浩國史一案的牽連導致了滅頂之災。崔浩被誅，「范陽盧氏、太原郭氏、河東柳氏，皆浩之姻親，盡夷其族」〔註11〕。曾「內參機密、出入詔命」的盧度世從兄盧遐一門史傳中再未出現其後代，這一支系就此衰落。盧度世也逃難到了鄉下，一直到太武帝「特詔赦其宗族」，才得以重新入仕。

　　范陽盧氏與隴西李氏的婚姻也不免讓人關注，如表18顯示，除與北魏、北齊皇室通婚外，在與漢族的婚媾對象中，隴西李氏以 7 例婚配居於首位。隴西李氏並非傳統意義上的世家大族，只是到了李寶一代才由關中入仕北魏，後來李沖受到了特殊的寵幸，隴西李氏也躋身成了高門大族之一。緣何隴西李氏能與漢魏世族范陽盧氏如此頻繁地婚媾呢？原因正在於隴西李氏不是漢魏舊門，缺乏煊赫的漢魏世資，李沖得幸之後，極力掩蓋自己不是世族門第的出身，利用自身的政治優勢，謀求與崔盧等傳統世家大族聯姻，來提升自己的門第。史載：「淵與僕射李沖特相友善。沖重淵門風，而淵祗沖才官，故結爲婚姻，往來親密。至於淵荷高祖意遇，頗亦由沖。」〔註12〕可見，盧李兩家聯姻，一方面是李沖看重了盧淵的大族門第和優美的門風，范陽盧氏的高門地位是讓李沖豔羨不已的；另一方面是盧淵看重了李沖政治上的顯要，孝文帝時李沖一直是權貴人物，「顯貴門族，務益六姻」，「是其親者，雖復癡聾，無不超越官次」〔註13〕。盧義僖「少爲李沖所歎美，起家祕書郎」，盧淵能受到孝文帝的禮遇，很大程度上是因爲李沖的舉薦。故此兩家婚配，是一種雙贏的選擇。從北魏中期開始，范陽盧氏與隴西李氏保持了極爲密切的婚媾關係，盧思道贈李行的詩句中稱「水衡稱逸人，潘楊有世親」〔註14〕，「時人以爲實錄」。盧李兩家子弟同朝爲官者，不少是表兄弟的關係〔註15〕。

〔註11〕　《魏書》卷三五《崔浩傳》。
〔註12〕　《魏書》卷四七《盧玄附盧淵傳》。
〔註13〕　《魏書》卷五三《李沖傳》。
〔註14〕　盧思道詩句見《北史》卷一〇〇《序傳》。「潘楊世親」，典出《文選》卷五六潘安仁《楊仲武誄一首並序》：「潘楊之穆，有自來矣。」
〔註15〕　趙萬里在《漢魏南北朝墓誌集釋》圖版四〇三中爲《盧文構墓誌》所作的考釋，其中論及盧李世親以及互爲姑表親的問題。

此種婚配的關係，利於二族在政治上結爲利益同盟，共同維持本家族乃至整個世家大族階層的利益及高門地位。

從上表中也大致可以看出范陽盧氏的婚姻關係集中在一個狹小的圈子裏，其與清河崔、隴西李、趙郡李、滎陽鄭、太原王之間的婚姻佔據了很大一部分，而且圈內的這幾個家族互爲婚姻。如崔浩的母親，是盧湛的孫女〔註16〕，崔浩之弟娶趙郡李順之妹，崔浩弟之女又娶李順之女，李孝伯娶崔賾之女爲妻〔註17〕，范陽盧度世也娶崔賾之女爲妻〔註18〕，李孝伯與盧度世遂結爲連襟。李孝伯兄之子李安世又娶博陵崔氏，李安世之孫李諡再娶范陽盧氏〔註19〕。李孝伯一女適盧度世子盧淵，一女適滎陽鄭義，鄭義孫鄭敬祖女又嫁給崔昂爲後妻〔註20〕。這幾個大族之間婚姻嫁娶，走馬燈似的往復循環，卻只在這一個圈子裏。

范陽盧氏一方面結親一流高門，另一方面也盡量避開門第較低的士族，拒絕與庶族聯姻。如北朝前期范陽盧氏與清河崔氏聯姻頻繁，而不與門第稍低的博陵崔氏聯姻，直到後來博陵崔昂的地位上昇之後，范陽盧氏才與有了兩次婚姻，即盧文甫之女盧修娥與博陵崔昂〔註21〕，盧正山之子盧公順與博陵崔昂之女〔註22〕這兩椿婚姻。

而一些門第較低的士族或寒門，都幻想借助與高門聯姻來擡高自己的社會地位，甚至爲了擡高門第而不擇手段。《魏書》卷九三《恩倖傳趙邕傳》載：

> （趙）邕兼給事黃門，俄轉太府卿。出除平北將軍、幽州刺史。
> 在州貪縱。與范陽盧氏爲婚，女父早亡，其叔許之，而母不從。母
> 北平陽氏攜女至家藏避規免，邕乃拷掠陽叔，遂至於死。陽氏訴冤，
> 臺遣中散大夫孫景安研檢事狀，邕坐處死，會赦得免，猶當除名。

趙邕是南陽人，少年時因聰慧被趙郡李沖恩寵，宣武帝時官至幽州刺史，欲娶范陽盧氏爲妻，藉以擡高門第，而范陽盧氏堅決不同意與恩悻之家婚媾，不惜

〔註16〕 《魏書》卷三五《崔浩傳》。
〔註17〕 《北史》卷三三《李孝伯傳》。
〔註18〕 《漢魏南北朝墓誌集釋》圖版三七《魏故充華嬪盧氏墓誌銘》，趙超《漢魏南北朝墓誌彙編》亦收錄，第 127 頁。
〔註19〕 《北史》卷三三《李孝伯傳》。
〔註20〕 《北齊書》卷二九《鄭述祖傳》。
〔註21〕 《范陽盧修娥墓誌》，見《漢魏南北朝墓誌彙編》第 432 頁。
〔註22〕 《齊故祠部尚書趙州刺史崔公墓誌之銘》，見《漢魏南北朝墓誌彙編》第 433 頁。

躲婚拷打致死，也不願意與毫無聲望的恩倖出身之人通婚。再如，「孝昌中，除散騎常侍。而靈太后臨朝，黃門侍郎李神軌勢傾朝野，求結婚姻，（盧）義僖慮其必敗，拒而不許。」〔註23〕盧義僖拒絕李神軌締結婚姻的請求，「慮其必敗」僅僅是其中一個因素，說明范陽盧氏擔心與其結親有可能危及自身，但最主要的原因還是門第不相稱，因為後來靈太后對此事干預，盧義僖冒著違抗上命的危險依然未能同意這椿婚姻，這就不是簡單的「慮其必敗」了，而是在於李神軌是頓丘李氏，與范陽盧氏的高門地位相差太遠，范陽盧氏不齒與之聯姻。

但也有特殊的情況，史載：「度世後以崔浩事，棄官逃於高陽鄭羆家，羆匿之。使者囚羆長子，將加捶楚。羆誡之曰：『君子殺身以成仁，汝雖死勿言。』子奉父命，遂被拷掠，乃至火爇其體，因以物故，卒無所言。度世後令弟娶羆妹，以報其恩。」〔註 24〕高陽鄭羆在「崔浩國史之獄」時有恩於盧度世，度世為了報恩才讓其弟弟迎娶了鄭羆的妹妹，可見這椿婚姻並不是門當戶對的，高陽鄭羆是靠恩情才得以與范陽盧氏結為親家。另，「魏尚書僕射范陽盧道虔女為右衛將軍郭瓊子婦，瓊以死罪沒官，高祖啓以賜元康為妻，元康乃棄故婦李氏，識者非之」〔註 25〕。右衛將軍郭瓊死罪，盧道虔之女改嫁，高祖賜給陳元康，「元康地寒，時以為殊賞」〔註 26〕，遂拋棄原配李氏，納范陽盧氏，儘管范陽盧氏是二婚。可見，陳元康為了能夠攀親范陽盧氏高門，不惜承受別人的道德非議，可見范陽盧氏的婚姻優勢。

范陽盧氏的婚姻優勢還體現在迎娶他族女子時的競爭力上。《魏書》卷三九《李寶傳附神儁傳》：

> 神儁風韻秀舉，博學多聞，朝廷舊章及人倫氏族，多所諳記。篤好文雅，老而不輟，凡所交遊，皆一時名士。汲引後生，為其光價，四方才子，咸宗附之。而性通率，不持檢度，至於少年之徒，皆與褻狎，不能清正方重，識者以此為譏。神儁喪二妻，又欲娶鄭嚴祖妹，神儁之從甥也。盧元明亦將為婚，遂至紛競，二家閧於嚴祖之門。鄭卒歸元明，神儁惆悵不已，時人謂神儁鳳德之衰。

〔註23〕　《魏書》卷四七《盧玄傳附義僖傳》。
〔註24〕　《北史》卷三○《盧玄傳》。
〔註25〕　《北齊書》卷二四《陳元康傳》。
〔註26〕　《北史》卷五五《陳元康傳》：「左衛將軍郭瓊以罪死，子婦范陽盧道虔女也，沒官。神武啓以賜元康為妻。元康地寒，時以為殊賞。元康遂棄故妻李氏，識者非之。」

李神儁和盧元明二人都欲迎娶榮陽鄭嚴祖的妹妹，二人之間產生了競爭，神儁出身隴西李氏，「風韻秀舉，博學多聞，朝廷舊章及人倫氏族，多所諳記。篤好文雅，老而不輟。凡所交遊，皆一時名士」〔註27〕，元明出身范陽盧氏，「涉歷群書，兼有文義，風采閒潤，進退可觀」〔註28〕。可最終鄭盧兩家完婚，在李神儁「惆悵不已」的同時也說明了范陽盧氏在婚姻上的優勢地位。

（二）與拓跋氏通婚帶來的胡漢融合

在北魏孝文帝推行漢化政策前，由於民族和文化的差異，盧氏家族保持在漢族士族內部通婚，而不與少數民族婚媾。後來北魏爲了鞏固統治，大力推行漢化，拉攏世家大族參政，建立了胡漢一體的門閥體制，民族隔閡和文化壁壘逐漸被打破，於是在北魏政權中任職的盧氏家族也與北魏皇室發生了婚姻關係，如盧道裕尚顯祖女樂浪長公主，拜駙馬都尉；盧道裕弟道虔尚高祖女濟南長公主。盧元聿尚高祖女義陽長公主，拜駙馬都尉〔註29〕。范陽盧氏一門迎娶了三位公主，有「一門三主」之稱譽，這種榮耀令別的大族莫能比肩。盧道虔在濟南長公主暴薨和司馬氏見出之後，又更娉了元氏，一人娶了兩位拓跋族女子。若仔細探究，這三位公主所嫁的都是盧玄一支，盧道裕、盧道虔、盧元聿都是盧玄的曾孫，這說明北魏時期盧玄支系是范陽盧氏中最爲顯赫和尊貴的一支。其他支系中迎娶北魏皇室女子的，只有盧溥一支的盧柔娶臨淮王彧女〔註30〕。

參照前表，相比范陽盧氏迎娶皇室女子，北魏皇室娶范陽盧氏女子的次數更多一些，達到 9 次。北魏皇室爲了拉攏漢族士族參與政權，推進漢化，積極謀求與漢族士族聯姻，並下詔規定婚姻禮俗，如文成帝拓跋濬用儒家禮儀改革鮮卑舊俗，下詔曰：

> 夫婚姻者，人道之始。夫妻之義，三綱爲首，禮之重者，眞過於斯。尊卑高下，宜令區別。然中代以來，貴族之門多率不法，或貪利財賄，或因緣私好，在於苟合，無所選擇，今貴賤不分，巨細

〔註27〕《魏書》卷三九《李寶傳》。又見《北史》卷一〇〇《涼武昭王李暠傳》。

〔註28〕《魏書》卷四七《盧玄傳》。又見李延壽：《北史》卷三〇《盧玄傳》。

〔註29〕《魏書》卷四七《盧玄傳》。又見李延壽：《北史》卷三〇《盧玄傳》。

〔註30〕《北史》卷三〇《盧玄附盧溥傳》：「盧柔字子剛。少孤，爲叔母所養，撫視甚於其子。柔盡心溫清，亦同己親，親族歎重之。性聰敏好學，未冠解屬文，但口吃，不能持論。頗使酒誕節，爲世所譏。司徒、臨淮王彧見而器之，以女妻焉」。

> 同貫，塵穢清化，虧損人倫，將何以宣示典謨，垂之來裔。今制皇
> 族、師傅、王公、侯伯及士民之家，不得與百工、技巧、卑姓爲婚，
> 犯者加罪。〔註31〕

由於游牧文明和農業文明的差異，胡漢之間在較長歷史時期所形成了不同的
婚俗觀念和生活方式，產生了較大的文化隔閡，胡漢聯姻不容易在短時間內
爲兩族人民所接受，所以這個詔書頒佈天下之後，並未起到較爲明顯的效果，
高祖孝文帝對此很不滿意〔註32〕，於是孝文帝再次下詔明婚姻之義，曰：

> 夫婚姻之義，曩葉攸崇；求賢擇偶，縣代斯慎。故剛柔著於《易
> 經》，《鵲巢》載於《詩》典，所以重夫婦之道，美尸鳩之德，作配
> 君子，流芳後昆者也。然則婚者，合二姓之好，結他族之親，上以
> 事宗廟，下以繼後世，必敬慎重正而後親之。夫婦既親，然後父子
> 君臣、禮義忠孝，於斯備矣。太祖龍飛九五，始稽遠則，而撥亂創
> 業，日昃不暇。至於諸王娉合之儀，宗室婚姻之戒，或得賢淑，或
> 乖好述。自茲以後，其風漸缺，皆人乏窈窕，族非百兩，擬匹卑濫，
> 舅氏輕微，違典滯俗，深用爲歎。以皇子茂年，宜簡令正，前者所
> 納，可爲妾媵。將以此年爲六弟娉室：長弟咸陽王禧可娉故潁川太
> 守隴西李輔女，次弟河南王幹可娉故中散代郡穆明樂女，次弟廣陵
> 王羽可娉驃騎諮議參軍滎陽鄭平城女，次弟潁川王雍可娉故中書博
> 士范陽盧神寶女，次弟始平王勰可娉廷尉卿隴西李沖女，季弟北海
> 王詳可娉吏部郎中滎陽鄭懿女。〔註33〕

從這兩個詔書中，我們可以看到一個胡人政權所進行的漢化努力。北魏政權
抓住了漢化中最關鍵的也是難度最大的一個環節，那就是婚姻的漢化。所以
北魏孝文帝大力倡導與漢族士族聯姻，不僅下詔書向人民做出要求，而且率
先垂範，皇帝本人納漢人女子爲妃，史載：「魏主雅重門族，以范陽盧敏、清
河崔宗伯、滎陽鄭羲、太原王瓊四姓，衣冠所推，咸納其女以充後宮。隴西
李沖以才識見任，當朝貴重，所結姻連，莫非清望，帝亦以其女爲夫人⋯⋯

〔註31〕《魏書》卷五《高宗文成帝紀》。

〔註32〕孝文帝於太和二年（478）下詔指出當時社會上所存在的婚宦失類問題：「皇
族貴戚及士民之家，不惟士族，不與非類婚偶。先帝親發明詔，爲之科禁，
而百姓習常，仍不肅改。朕今憲章舊典，祗案先制，著之律令，永爲定準，
犯者以違制論。」語見《魏書》卷七《高祖孝文帝紀》。

〔註33〕《魏書》卷二一上《獻文六王傳‧咸陽王》。

時趙郡李氏，人物猶多，各勝家風，故世言高華者，以五姓爲首。」〔註34〕在孝文帝的詔書中，還表明當年要爲六個弟弟娉漢人士族女子爲妻，而「前者所納，可爲妾媵」。范陽盧氏中有九位女子嫁給北魏皇室爲嬪妃，另兩位也嫁給了元氏宗親，而且盧敏的兩個女兒分別被孝文帝和孝明帝所納，盧道約的女兒爲孝明帝所納。這裡又顯示出了盧玄一支的婚姻優勢，所以，終北魏一朝，盧玄支系在婚姻上的尊貴和顯赫是首屈一指的。

對北魏皇室與范陽盧氏雙方來說，他們之間的婚姻不可避免地帶有政治性，已經不是簡單的男女婚配和傳宗接代的要求，而是一種政治利益上的要求，北魏皇室要依靠漢族士族推進漢化，拉攏士族擴大統治基礎，而范陽盧氏也要借與皇室聯姻，來鞏固自己的政治地位，擴大家族的影響力，從而更好地維持世家大族的地位。正如恩格斯所說，「結婚是一種政治的行爲，是一種借新的聯姻來擴大自己勢力的機會，起決定作用的是家世的利益，而絕不是個人的意願」〔註35〕。

（三）北朝後期范陽盧氏姻親對象標準有所降低

北朝後期，這種士族門第婚姻依然維持，但北魏分裂後東、西兩個政權對世家大族態度的不同，決定了兩個政權中大族的婚姻關係也會有些差異。西魏北周崇尚武功，選官制度上不限門蔭，這樣就剝奪了世家大族憑藉門資入仕、坐至公卿的通道，士族階層所依賴的門閥體制被破壞，相應地等級制士族婚姻也喪失了社會基礎，門第婚姻並不明顯，宇文氏也不曾與范陽盧氏聯姻。而東魏、北齊政權主要是由原居住於北方邊鎮的胡人及已經胡化的漢人組成的。高氏宗室雖然掌握政權，但在門第上仍不能與世家大族比肩，故而高氏也積極謀求與高門聯姻，北齊宗室與范陽盧氏的聯姻史料共有兩例，任城王湝納盧叔矩之女〔註36〕，河南王孝瑜納盧正山之女爲妃〔註37〕。北齊時期，范陽盧氏在與皇室通婚的數量上，顯然遠遠不及北魏時期，而且也沒有與皇帝通婚的記錄。

不僅在與皇室通婚上有變化，在與一般士族通婚上也產生了些微不同，表現爲范陽盧氏通婚對象的門第標準有所降低。一些胡人憑藉軍功和權力，

〔註34〕 司馬光：《資治通鑑》卷一四〇齊明帝建武三年（496 年，北魏太和二十年）春正月條，中華書局 1963 年版。

〔註35〕 恩格斯：《馬克思恩格斯選集》（第四卷），人民出版社 1995 年版，第 74 頁。

〔註36〕 《北齊書》卷一〇《任城王湝傳》，又見《北齊書》卷四二《盧潛傳》。

〔註37〕 《北齊書》卷一一《河南康舒王孝瑜傳》，又見《北史》卷五二《河南康獻王孝瑜傳》。

加入了范陽盧氏的姻親隊伍,如洛陽房謨為其子求婚於范陽盧氏〔註38〕,尒朱兆之女曾與別人私通,然而范陽盧景璋卻依然迎娶了她〔註39〕,安定胡延之娶了范陽盧道約之女〔註40〕,這些胡人在北朝前期是不可能與范陽盧氏攀上親戚的,可後來憑藉戰亂乘勢而起,居然能夠結交高門,也說明范陽盧氏在亂世中為了保全自己,在婚姻關係上也向軍功貴族作了一些讓步。不僅軍功貴族,有些恩倖憑藉政治優勢也攀親於范陽盧氏,恩倖和士開為西域清都人,在其掌權時為其弟和士休謀求與范陽盧氏的婚姻〔註41〕,前文所述恩倖趙邕向范陽盧氏求婚而盧氏寧死不從的局面已經不復存在了。

范陽盧氏在北朝後期通婚門檻的降低,也反映出隨著北魏的分裂,范陽盧氏政治上的輝煌也隨之散去,在戰亂中若要保持家族的興旺和榮耀,維護政治上的地位,只有屈尊以高門地位的婚姻來和亂世中崛起的掌權者作交易。而這些崛起的掌權者則利用權勢,借與高門通婚來提高社會聲望,如馮子琮典選時,「子琮微有識鑒,頗慕存公。及位望轉隆,宿心頓改,擢引非類,公為深交,縱其子弟,不依倫次。又專營婚媾,歷選上門,例以官爵許之,旬月便驗。頓丘李克、范陽盧思道、隴西李胤伯、李子希、滎陽鄭庭堅並其女婿,皆至超遷」〔註42〕。

不過,終北朝一代,范陽盧氏婚姻上還主要是士族內部的門第婚,尤其是幾大高門之間的通婚佔據了很大的比重,魏孝文帝分定姓族以後,北魏皇室與范陽盧氏頻繁婚媾。而到北朝後期,范陽盧氏在戰亂中政治地位得不到保障,而出現了與一部分二流胡族和武人以及恩倖通婚的現象。

三、其他婚姻特徵

范陽盧氏在婚姻上除了士族門第婚的特徵外,還表現出以下幾個特點:

(一)婚姻嫁娶有輸財現象

北齊顏之推對此表達過不滿:「婚姻素對,靖侯成規。近世嫁娶,遂有賣女納財,買婦輸絹,比量父祖,計較錙銖,責多還少,市井無異。或猥瑣在門,

---

〔註38〕《北史》卷五五《房謨傳》。
〔註39〕《北史》卷一四《后妃傳》:「小尒朱者,兆之女也。初為建明皇后。神武納之,生任城王。未幾,與趙郡公琛私通,徙於靈州。後適范陽盧景璋。」
〔註40〕《北齊書》卷九《武成胡后傳》。
〔註41〕《北史》卷五五《馮子琮傳》。
〔註42〕《北史》卷五五《馮子琮傳》。

或傲婦擅室，貪榮求利，反招羞恥，可不慎歟！」〔註43〕從中我們可以看出，當時嫁娶時女方「納財」、男方「輸絹」蔚然成風，而且討價還價，計較多寡，與市井買賣無異。范陽盧氏中有兩例婚姻生動地說明了這一點，如范陽盧思道擬娶太原王乂女，就大肆輸錢，史載：「司徒錄事參軍盧思道私貸庫錢四十萬娉太原王乂女爲妻。」〔註44〕盧思道和太原王乂都是名門望族，范陽盧氏門第相比太原王氏甚至更高，既便如此，仍需輸錢四十萬。另外，渤海封述爲其次子「娶范陽盧莊之女。述又逕府訴云：『送嬴乃嫌腳跛，評田則云鹹薄，銅器又嫌古廢。』皆爲吝嗇所及，每致紛紜」〔註45〕。雙方親家因送采禮而聚訟官府。北朝後期財婚卻開始盛行起來，造成婚禮上的極度浪費和奢靡，以至於魏孝文帝於太和二年（478）五月詔令：「婚娉過禮，則嫁娶有失時之弊；厚葬送終，則生者有糜費之苦。聖王知其如此，故申之以禮數，約之以法禁。乃者，民漸奢尙，婚葬越軌，致貧富相高，貴賤無別。又皇族貴戚及士民之家，不惟氏族，下與非類婚偶。先帝親發明詔，爲之科禁，而百姓習常，仍不肅改。朕今憲章舊典，祗案先制，著之律令，永爲定準。犯者以違制論。」〔註46〕後來此風日盛，於是北周武帝在建德二年（573 年）九月下詔：「政在節財，禮唯寧儉。而頃者婚嫁競爲奢靡，牢羞之費，罄竭資財，甚乖典訓之理。有司宜加宣勒，使咸遵禮制。」〔註47〕建德三年（574 年）正月，周武帝再次下詔要求「自今已後，男年十五，女年十三已上，爰及鰥寡，所在軍民，以時嫁娶，務從節儉，勿爲財幣稽留」〔註48〕。北朝皇帝屢屢下詔干預此事，足以說明財婚的風靡。故清人趙翼在《廿二史札記》中談到財婚問題時說：「魏、齊之時，婚嫁多以財幣相尙，蓋其始高門與卑族爲婚，利其所有，財賄紛遺，其後遂成風俗，凡婚嫁無不以財幣爲事，爭多競少，恬不爲怪也。」〔註49〕

（二）近親婚和異輩婚屢見不鮮

近親婚是指兩個家族（一般是高門大姓）之間連續幾代互相婚媾，以達到親上加親、保持高門士族血統的目的。北朝時期范陽盧氏和清河崔氏、趙

〔註43〕顏之推著，王利器集解：《顏氏家訓集解·治家第五》，中華書局 1993 年版，第 53 頁。

〔註44〕《北齊書》卷四二《袁聿修傳》。

〔註45〕《北齊書》卷四三《封述傳》。

〔註46〕《魏書》卷七上《高祖孝文帝紀》。

〔註47〕《周書》卷五《武帝紀上》。

〔註48〕《周書》卷五《武帝紀上》。

〔註49〕趙翼：《廿二史札記·財婚》卷一五，江蘇鳳凰出版社 2008 年版，第 215 頁。

郡李氏之間就存在這種近親婚的現象。范陽盧度世娶清河崔賾女爲妻〔註50〕，趙郡李孝伯也娶清河崔賾女〔註51〕，盧度世與李孝伯遂結爲連襟，而盧度世之子盧淵又娶了李孝伯女，是姨表兄妹結爲婚姻。李孝伯另一女嫁給榮陽鄭羲〔註52〕，盧淵與鄭羲遂成爲連襟，盧淵之子盧道約又娶鄭羲之子鄭道昭之女作妻室〔註53〕，這不僅是近親婚姻，而且還是一例異輩婚姻（見表一九）。又如范陽盧玄的姑母嫁給了清河崔宏〔註54〕，而盧玄又娶了崔宏之女〔註55〕，盧玄的姪子盧遐娶了崔宏子崔浩之女〔註56〕，范陽盧氏與清河崔氏兩家連續三代相互通婚（見表二〇）。

表一九：北朝范陽盧氏近親婚例表一

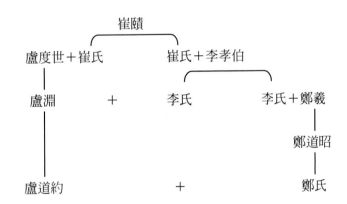

〔註50〕　《魏故茟嬪盧氏墓誌銘》，趙超：《漢魏南北朝墓誌彙編》，天津古籍出版社1992年版，第127頁。

〔註51〕　《北史》卷三三《李孝伯傳》。

〔註52〕　《北史》卷三三《李孝伯傳》。

〔註53〕　《魏故茟嬪盧氏墓誌銘》，趙超：《漢魏南北朝墓誌彙編》，天津古籍出版社1992年版，第127頁。

〔註54〕　《魏書》卷三五《崔浩傳》，又見《北史》卷二一《崔宏傳附子浩傳》。

〔註55〕　《魏書》卷四七《盧玄傳》，又見《北史》卷三〇《盧玄傳》。

〔註56〕　《魏書》卷三八《王慧龍傳附子寶興傳》，《北史》卷三五《王慧龍附子寶興傳》。

表二○：北朝范陽盧氏近親婚例表二

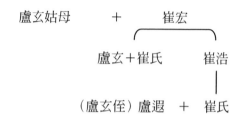

異輩婚即不同輩分之間的婚姻，按照常理是不符合禮法倫常的，作爲以儒學傳家的范陽盧氏一般是不會僭越的，但是當與皇室通婚時，當門第相當的婚媾對象難以尋覓時，寧願異輩通婚，也不下嫁庶族寒門。盧敏女爲孝文帝妃〔註57〕，盧敏從兄弟盧道約之女盧令媛爲孝明帝妃〔註58〕，盧令媛比孝明帝大一輩。盧神寶比盧敏高一輩，可盧神寶之女嫁與孝文帝之弟高陽王元雍〔註59〕，相差一輩。范陽盧道裕娶獻文帝之女樂浪長公主〔註60〕，可盧道裕的弟弟盧道虔卻娶了孝文帝之女濟南長公主〔註61〕，這樣盧道裕就成了其弟媳的姑父。孝文帝納盧敏之女爲嬪，盧敏侄子盧元聿應該與孝文帝同輩，可盧元聿卻娶了孝文帝之女義陽長公主〔註62〕。（見表二一）再如，盧文翼之女嫁給趙郡李騫〔註63〕，而盧文翼從孫盧元禮娶了李騫從姐妹李叔胤女〔註64〕，相差一輩。范陽盧氏家族中的異輩婚多發生在與北魏皇室的特殊姻親中，一方面是由於北魏拓跋氏是少數民族，婚姻上不講究禮法倫理，另一方面是因爲盧玄入朝以後，范陽盧氏爲了延續維持家族勢力，而不得不與拓跋氏在婚姻上妥協，即使是異輩婚姻也不得不接受。一般情況下，范陽盧氏與其他

〔註57〕　《魏書》卷四七《盧玄傳》。

〔註58〕　《北史》卷一三《后妃傳》，又見於《漢魏南北朝墓誌集釋》圖版三七《魏故充華嬪盧氏墓誌銘》，趙超：《漢魏南北朝墓誌彙編》亦收錄，第127頁。

〔註59〕　《魏書》卷二一《高陽王雍傳》，《北史》卷一九《高陽王雍傳》，《北史》卷三○《盧玄傳》。

〔註60〕　《魏書》卷四七《盧玄傳》、《北史》卷三○《盧玄傳》。

〔註61〕　《魏書》卷四七《盧玄傳》、《北史》卷三○《盧玄傳》。

〔註62〕　《魏書》卷四七《盧玄傳》、《北史》卷三○《盧玄傳》。

〔註63〕　《魏故使持節侍中都督定冀相殷四州諸軍事驃騎大將軍定州刺史尚書令儀同三司文靜李公墓誌銘》，《漢魏南北朝墓誌彙編》，天津古籍出版社1992年版，第328頁。

〔註64〕　《北史》卷九一《貞孝女宗傳》。

漢族世家大族之間異輩通婚現象較少一些，比如表一九中所看到的，盧道約娶鄭道昭之女就是一例異輩婚。

表二一：北朝范陽盧氏異輩婚例表

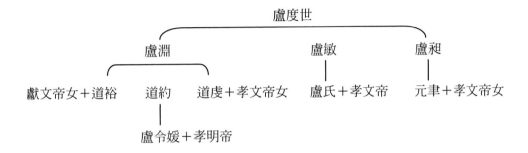

　　近親婚和異輩婚在南北朝時期並不罕見，究其原因是世家大族的婚姻圈子過於狹小，士庶不婚，注重門第，這就使其婚媾對象的選擇餘地大大減小，於是為數不多的幾個家族之間頻繁締結姻親；另外，古代多子多福的觀念導致了結婚早、生育早、節育晚、子女多，但由於不注意優生優育，粗放型的生育致使嬰兒成活率低下，嬰幼兒童夭折的現象普遍。早婚早育還導致兄弟姐妹間的年齡差距較大，而叔侄、姑侄、舅甥之間的年齡相近，故此當同時滿足門第相當、年齡相仿、輩分相同、郎才女貌等條件的婚媾對象難覓時，近親婚、異輩婚就出現了。

（三）范陽盧氏家族的婚姻中出現有改嫁現象

　　北朝時期，婦女改嫁也是允許的，不像宋代以後婦女要從一而終，否則便不被世俗所容忍。史載：「魏尚書僕射范陽盧道虔女為右衛將軍郭瓊子婦，瓊以死罪沒官，高祖啓以賜元康為妻，元康乃棄故婦李氏，識者非之。」〔註65〕右衛將軍郭瓊死罪，盧道虔之女改嫁，陳元康拋棄原配李氏，納盧氏為妻。另，「（房）謨與子結婚盧氏，謨卒後，盧氏將改適他姓」〔註66〕。這兩例改嫁都是范陽盧氏女子改嫁另一夫家，改嫁一般是由於盧氏所嫁夫君死亡或者失去權勢，士族高門之間的通婚很少出現改嫁現象，而寒門小姓所納高門大姓女子改嫁的幾率要大一些。不過，總的來看，范陽盧氏家族中雖然有改嫁現象，但並不常見。

〔註65〕《北齊書》卷二四《陳元康傳》。
〔註66〕《北史》卷五五《房謨傳》。

（四）婚姻中常常出現家庭糾紛

由於世家大族子弟大多是一妻多妾，甚或是多妻多妾，嫡出和庶出之別較爲嚴格，在仕宦、門蔭、財產繼承、婚姻、日常用度、參與家族活動儀式等方面有著不小的差別，所以嫡庶之間常常引起糾紛和家族內部的爭鬥。如盧玄「有五子，嫡唯度世，餘皆別生。崔浩事難，其庶兄弟常欲危害之，度世常深忿恨。及度世有子，每誡約令絕妾孽，不得使長，以防後患。至淵兄弟，婢賤生子，雖形貌相類，皆不舉接，爲識者所非」〔註67〕，盧度世因崔浩國史獄而受牽連，其庶出兄弟便落井下石，加以迫害。於是後來被赦免後盧度世訓誡妾不能生子，以杜絕後患。顏之推曾感歎說：「河北鄙於側出，不預人流，是以必須重娶，至於三四，母年有少於子者。後母之弟，與前婦之兄，衣服飲食，爰及婚宦，至於士庶貴賤之隔，俗以爲常。身沒之後，辭訟盈公門，謗辱彰道路，子誣母爲妾，弟黜兄爲傭，播揚先人之辭迹，暴露祖考之長短，以求直己者，往往而有。悲夫！自古姦臣佞妾，以一言陷人者眾矣！況夫婦之義，曉夕移之，婢僕求容，助相說引，積年累月，安有孝子乎？此不可不畏。」〔註68〕

不僅家庭內部，家族之間的婚姻上也常常鬧糾紛，史載：「司徒錄事參軍盧思道私貸庫錢四十萬娉太原王乂女爲妻，而王氏已先納陸孔文禮娉爲定，（袁）聿修坐爲首僚，又是國之司憲，知而不劾，被責免中丞。」〔註69〕。盧思道娶太原王乂女而王氏已經收下了陸孔文的聘禮，由「知而不劾」可知，此事惹出了一場官司。再如，渤海封述爲其次子「娶范陽盧莊之女。述又逞府訴云：『送贏乃嫌腳跛，評田則云鹹薄，銅器又嫌古廢。』皆爲吝嗇所及，每致紛紜」〔註70〕。姻親雙方因門第、采禮等問題「每致紛紜」，這也成爲了魏晉南北朝婚姻中的一個現象。

魏晉北朝時期選舉採用九品官人法，以門第高下取士，而狹小的婚姻圈子又導致士庶寒人之間有著天然的不可逾越的界限，如此造成了世家大族長期佔有官宦的優勢和文化的優勢，成爲一個獨特的階層，有著至高無上的社會地位，令人豔羨。而大族亦以此爲資而驕恣腐化，自以爲高人一等，清河

〔註67〕《魏書》卷四七《盧玄傳附子度世傳》。
〔註68〕顏之推著，王利器集解：《顏氏家訓集解·後娶第四》，中華書局1993年版，第34頁。
〔註69〕《北齊書》卷四二《袁聿修傳》。
〔註70〕《北齊書》卷四三《封述傳》。

崔㥄每以籍地自矜，謂盧元明曰：「天下盛門，唯我與爾，博崔、趙李，何事者哉！」〔註71〕

　　狹小的婚姻圈子固然維護了世家大族的門第，保持了純正血統，卻導致姑表婚、姨表婚甚至異輩婚屢見不鮮，這樣就限制了其社會關係的拓展，造成了由於過於頻繁的近親結婚而帶來的一系列嚴重後果，加速了世家大族的衰落。但北朝有別於南朝，自魏孝文帝奉行漢化政策以後，山東士族的婚姻圈子迅速擴大了，胡漢聯姻，士族內部的婚姻圈子被打破，民族婚增多，這從婚姻上爲世家大族注入了新鮮活力，也促進了民族之間的融合和文化交流。

〔註71〕《北齊書》卷二三《崔㥄傳》。《北史》卷二四《崔㥄傳》。

第六章　隋唐時期范陽盧氏家族世系補正

　　隋唐時期，范陽盧氏人物眾多，目前，對范陽盧氏譜系記載較爲詳細的當推《新唐書·宰相世系表》，記載了大致有 758 人，《新唐書·宰相世系表》記載的譜系僅局限於有宰相出身的支系，而且也存在較多問題，其中有不少訛誤和遺漏已經被前輩學者指出，尤其趙超先生編著《新唐書宰相世系表集校》[註1] 作了較多的考訂。但趙著成書於 1987 年，距今已逾 20 多年，近些年來大量新出土的唐代墓誌重見天日，墓誌銘文詳細記載了墓主人的名號、身份、家世、官宦、德行、歸葬等信息，這些內容爲我們的研究提供了大量珍貴的資料，因此我們首先要對隋唐時期范陽盧氏家族世系進行考訂增補。本章對隋唐時期范陽盧氏譜系的考證以《新唐書·宰相世系表》爲基本骨架，主要依靠近些年新出土的墓誌材料[註2] 結合正史、《全唐文》、《唐才子傳》等傳世文獻進行考訂增補，《新唐書·宰相世系表》所載四房盧氏向前追溯至北魏時期，爲體現世系表全貌，本章節的補正亦不局限於隋唐時期，亦作適當往前延伸。爲方便行文，對《新唐書·宰相世系表》中已經記載的譜系不作敘述（詳見所列表格），

〔註 1〕　趙超編著：《新唐書宰相世系表集校》，北京：中華書局，1998 年版。
〔註 2〕　墓誌資料主要來自《千唐誌齋博物館藏誌》（河南省文物研究所、河南省洛陽地區文管所編，文物出版社，1984 年）、周紹良主編、趙超副主編《唐代墓誌彙編》上下冊（上海古籍出版社，1992 年）、周紹良、趙超主編《唐代墓誌彙編續集》（上海古籍出版社，2001 年 12 月）、陝西省古籍整理辦公室編、吳鋼主編《全唐文補遺》第一至第八輯以及千唐誌齋新藏專輯（三秦出版社陸續出版）、楊作龍，趙水森等編著《洛陽新出土墓誌釋錄》（北京圖書館出版社，2004 年）、《邙洛碑誌三百種》（趙君平編，北京：中華書局，2004 年）、《河洛墓刻拾零》（趙君平、趙文成編，北京圖書館出版社，2007 年）、《大唐西市博物館藏墓誌》（胡戟、榮新江主編，北京大學出版社，2012 年 11 月版）以及《全唐文》和報刊期刊中散見的墓誌材料。

而只敘述對其增補考訂的內容（即表格中斜體加粗顯示的人物）。

據盧玄傳記載，盧玄子度世有四子，號稱四房盧氏，分別是大房陽烏（淵）、二房敏、三房昶，四房尚之〔註3〕，隋唐時期活躍在歷史舞臺上的范陽盧氏大都出自這四個房支，也有一些新增補的人物極有可能屬於這四房盧氏，但因目前材料尚不能斷定其房支，暫且單列於後，供以後增訂。以下分別進行考證。

一、范陽盧氏大房陽烏房世系補正

盧陽烏（453～501），又名盧淵，字伯源，「性溫雅寡欲，有祖父之風，敦尚學業，閨門和睦。襲侯爵，拜主客令，典屬國。遷祕書令、始平王師。以例降爵為伯。給事黃門侍郎，遷兼散騎常侍、祕書監、本州大中正」〔註4〕。孝文帝要冊立馮后，也先徵求他的意見。景明初，除祕書監。二年（501）卒官，年四十八。贈安北將軍、幽州刺史，複本爵固安伯，諡曰懿。

（一）盧道將支系

盧道將，字祖業，應襲父爵，而讓其第八弟道舒。道將「涉獵經史，風氣謇諤，頗有文才，為一家後來之冠，諸父並敬憚之。彭城王勰、任城王澄，皆虛襟相待。勰為中軍大將軍，辟行參軍。遷司徒東閣祭酒、尚書左外兵郎中，轉祕書丞。出為燕郡太守。道將下車，表樂毅、霍原之墓，而為之立祠。優禮儒生，勵勸學業，敦課農桑，墾田歲倍。入為司徒司馬。卒，贈龍驤將軍、太常少卿，諡曰獻。所為文筆數十篇」〔註5〕。

盧元愔，道將之高孫，懷仁之曾孫，彥卿之孫，大道之子。《新唐書·宰相世系表》作「盧愔」，今據其仲女盧八墓誌予以更正。《唐故揚州大都督府揚子縣令博陵崔府君之夫人范陽盧氏（八）墓誌銘並序》：「夫人諱八，字八，范陽涿人也。隋殿內侍御史、唐東宮學士之曾孫，皇京兆府櫟陽縣主簿大道之孫，皇朝散大夫、行漢陽郡司馬元愔之仲女。」〔註6〕

盧首賓，為訂正「盧守賓」之謬，盧孤佊補自《故上黨郡涉縣令盧府君

〔註3〕 《魏書》卷四七《盧玄附子度世傳》。
〔註4〕 《魏書》卷四七《盧玄附淵傳》。
〔註5〕 《魏書》卷四七《盧玄附道將傳》。《北史》卷三○《盧玄附道將傳》。
〔註6〕 吳鋼主編：《全唐文補遺》第四輯，三秦出版社，1997年，第453頁。又見周紹良主編、趙超副主編：《唐代墓誌彙編》天寶103，上海古籍出版社，1992年11月版，第1603～1604頁。

（首賓）墓誌並序》：「……曾祖彥卿，隋殿內侍御史、東宮學士。祖行，嘉王府諮議、詳正學士。父知遠，不仕。道濟宇宙，迹存戶實錄；學深泉藪，文著乎不刊。累行積善，誕生淳懿。府君諱首賓，初任上黨郡潞城縣主簿……府君後娶清河崔氏。孩孤伋，即夫人之子也。」〔註7〕《新唐書・宰相世系表》作知遠之子「守賓」，誌文作「首賓」，墓誌為其子孫所撰刻，當更為準確，因此應訂正為「首賓」。另，《全唐文補遺》整理者對誌文中「祖行，嘉王府諮議、詳正學士」的句讀有錯誤，因盧首賓之祖父名盧行嘉，因此該句應斷為「祖行嘉，王府諮議、詳正學士」。

盧斐一支，補自《唐故澤州晉城縣尉范陽盧府君（仲文）墓誌銘並述》：「府君諱仲文，范陽人也。皇唐京兆府萬年縣丞伯成府君之曾孫。太原府參軍斐府君之孫。懷州司士參軍暹府君之子……長子瑀，明經擢第。次子珹。」〔註8〕另，《唐故恭陵臺丞盧府君（瑀）墓誌銘並序》：「有唐盧府君諱瑀，字子圭，其先范陽人。……曾祖斐，皇太原參軍。王父暹，皇懷州司士參軍。父仲文，皇澤州晉城尉。」〔註9〕盧斐與北朝盧同之子重名，但根據年代判斷，此「盧斐」顯然非彼「盧斐」也。二房盧幼孫的後人中亦有名為盧暹、盧瑀的，但對照世系，和該支並不相合。

盧慎修，盧藏密之子。盧紡前，盧慎修之子。補自《唐故倉部郎中鄭公盧夫人合祔墓誌銘並序》：「郎中夫人范陽盧氏，得姓於齊，為世著姓，北祖大房，漢侍中諱植、晉侍中諱廣、魏吏部尚書諱陽烏之後，昭彰圖諜，鬱為鼎族。語曰：盧陽烏鄭述祖，非斯二家，孰曰門戶？其閥閱可知矣。夫人曾祖諱播，皇任河南府陽翟縣令，祖妣隴西李氏。祖諱藏密，皇任汝州襄城縣令，祖妣清河崔氏。考諱慎修，皇亳州司兵參軍，妣絳郡李氏。……弟紡前，任宣州宣城縣丞。」〔註10〕

根據以上考證，可以製作范陽盧氏大房盧道將支世系表如下：

〔註 7〕 吳鋼主編：《全唐文補遺》（千唐誌齋新藏專輯），三秦出版社，2006 年，第209～210 頁。

〔註 8〕 吳鋼主編：《全唐文補遺》（千唐誌齋新藏專輯），三秦出版社，2006 年，第347 頁。

〔註 9〕 吳鋼主編：《全唐文補遺》（千唐誌齋新藏專輯），三秦出版社，2006 年，第273 頁。

〔註10〕 趙君平、趙文成編：《河洛墓刻拾零》下冊，北京圖書館出版社，2007 年，第623～624 頁。

表二二：范陽盧氏大房盧道將支世系表

```
道將┬懷祖─莊─耀─循
    └懷仁─彥卿┬大道┬元福
              │    ├元珪┬湛
              │    │    ├澹──┬岳──仲弼
              │    │    └澂  ├屈
              │    │        ├岩
              │    │        ├巒
              │    │        └昌
              │    ├璨┬震
              │    │  └竦┬隗
              │    │      ├嶷
              │    │      └山甫
              │    ├愼思┬諭┬長宗─周諒
              │    │    └訦  └仲宗
              │    └元憯
              ├安石┬師老─昭─脩
              │    ├師丘┬㯉
              │    │    └暉─向─┬彧
              │    │            ├端
              │    │            └泰
              │    └師莊─晙─汪
              ├大觀─師昉─宗謙
              ├行嘉┬知遠─首賓─孤伋
              │    └知順
              └方壽┬思敬─令涓
                    └思順─曒┬元寓─震
                            └迅
    ┌彥章─莊道┬玉昆┬?─遊─鞏
    │          │    ├?─?─單
    │          │    ├敷
    │          │    └頎─戢
    │          ├金友─勸
    │          └伯成┬協
    │                └雅┬旻
    │                    ├暈┬群
    │                    └炅├計┬銳
    │                        │  ├鈗
    │                        │  ├鋼─珪
    │                        │  ├鈞─鄴─蕭
    │                        │  ├鍇
    │                        │  └庚
    ├彥高（另見下表）
    └璥（另見下表）
                          斐─遑─仲文─瑀、琋
```

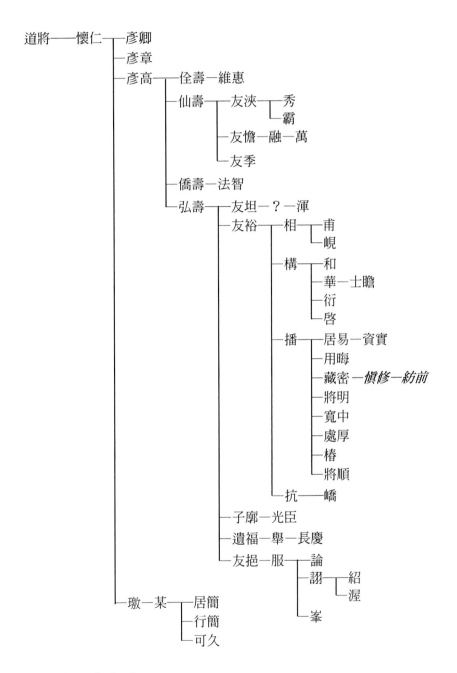

（二）盧道亮支系

盧道亮，字仁業〔註 11〕。盧淵次子。據其孫盧赤松墓誌載，盧道亮「博

〔註11〕　《魏書》卷四七《盧玄附道亮傳》。《北史》卷三〇《盧玄附道亮傳》作「仲業」。

－111－

極群藝，以儒道軌物」〔註12〕，但是道亮「隱居不仕」。這一支系是唐代范陽盧氏中較爲興旺發達的一支。補正如下：

盧安丘，赤松之子，盧朗閏，赤松之孫。補自《大唐故豫州汝陽縣令盧府君（廣敬）墓誌銘並序》：「公諱廣敬，字廣敬，范陽人也。其先神農姜姓之苗裔……曾祖赤松，皇朝太子率更令。祖安丘，□儀同三司。父朗閏，皇朝銀青光祿大夫，使持節撫、濮、酈、劍、許、貝、曹、青八州諸軍事，八州刺史。良牧之政，惠及下人。公居貞履柔，杖仁服義。日新厥德，天縱其才。少而秀逸，長則寬毅。解褐，調滑州胙城縣丞。頃授絳州萬泉縣丞。又拜京兆府美原縣主簿，尋加朝議郎，行豫州汝陽縣令。下車設法，人歌來晚。雖吉茂之政理於汾陰，閻憲之清化於綿竹，蓋無足而稱也。粤以開元十年二月癸酉朔廿三日乙未，遘疾卒於廨宅，春秋六十。吏人追念，鄰邑痛心。積善之家，曷無餘慶。即以其年五月辛丑朔九日己酉，權殯於洛陽城北允望鄉之原，禮也。嗣子含光等攀號靡及，哀毀至深。」〔註13〕《新唐書·宰相世系表》記載廣敬爲思演之曾孫，父爲「朗」，職官爲「潤、青等州刺史」，據盧廣敬墓誌記載，其父名爲「朗閏」，出自盧思道之後，並非思演之後。今據該誌予以移正。

盧威光，盧廣明之子。盧士會，盧廣明之孫。補自郭盈夫人盧氏墓誌，《唐故范陽盧夫人墓誌銘並序》：「唐會昌元年歲次辛酉正月癸酉朔十三日乙酉，故京兆府櫟陽縣令太原郭公諱盈，夫人范陽盧氏捐館於櫟陽縣修善鄉之別墅，享壽六十五。曾祖諱廣明，御史臺主簿。祖諱威光，魏州司戶參軍。考諱士會，蘄州廣濟縣令。夫人大宗茂緒，禮樂閥閱，他族莫之爭長。纂承顯重，備於譜諜，此得而略也。」〔註14〕

盧崔十，盧峻之子。補自《盧峻墓誌》：「唐故尚書外膳部郎范陽盧君諱峻，字子翰。……夫人京兆杜氏，盡哭不絕聲。有男子曰崔十，甫四歲。女子曰盈，未及笄。曾祖幼平，太子詹事，贈太常侍。祖諱賞，襄陽節度判官、

〔註12〕《大唐太子率更令柱國范陽郡開國公盧公（赤松）墓誌》，載趙君平編：《邙洛碑誌三百種》，北京：中華書局，2004 年，第 67 頁。

〔註13〕趙君平、趙文成編：《河洛墓刻拾零》上冊，北京圖書館出版社，2007 年，第248 頁。又見胡戟、榮新江主編：《大唐西市博物館藏墓誌》一八三，北京大學出版社，2012 年 11 月版。

〔註14〕胡戟、榮新江主編：《大唐西市博物館藏墓誌》四〇九《唐故范陽盧氏墓誌銘並序》，北京大學出版社，2012 年 11 月版。

贈兵部郎中。父諱弘宗，夔州刺史。世世以文學德義稱。」〔註15〕

盧謙、盧翊父子見諸《大唐故銀青光祿大夫檢校太子賓客上柱國范陽郡開國子兼監察御史盧公（翊）墓誌銘》：「公姓盧氏，諱翊，其先出於神農氏，暨周尚父太公封齊，嗣子伋有子七人，第三子食邑於盧，子孫爲盧氏。大漢燕王綰，東漢尚書植，肇其宗也。北齊司徒公思道，即公之六代祖也。曾祖元莊，銀青光祿大夫、□沂嘉三州刺史。祖知遠，銀青光祿大夫、資州刺史、光祿卿。父謙，正議大夫、宋州司馬、兼左贊善大夫。公即贊善之次嫡子，黃門侍郎藏用之姪孫，范陽北祖之大房也。」〔註16〕

盧明遠，補自《唐御史大夫太原府少尹上柱國范陽盧君（明遠）墓誌銘並序》：「字子廣，涿郡范陽人，北齊黃門侍郎思道之玄孫也。……有子七人，肱、瞻、偱、閒、雅、重、相……」〔註17〕

盧光遠〔註18〕，盧元莊之子，光遠子寂，寂二子曰炎，曰悁。補自《唐故太子司議郎盧府君（寂）墓誌銘並序》：「府君諱寂，字子靜，范陽涿人也，即北齊黃門侍郎思道之耳孫。曾祖承基，皇主客郎中、鄆州刺史。祖元莊，沔、普、嘉三州刺史。父光遠，京兆府奉先縣丞。妣扶風馬氏，父士會，南州刺史。公奉先之次子也……男之長曰炎……男之次曰悁，少工真、草二書，善棋畫，通史傳，疾不願仕，放情希夷。」〔註19〕

盧元衡，盧承基之子。補自《唐故揚府功曹盧公（元衡）墓誌銘並序》：「公諱元衡，字□□，范陽人也。……曾祖思道，北齊黃門侍郎、武陽太守、范陽郡公。……祖赤松，唐太子率更令，范陽郡公。父承基，襄宋二

〔註15〕 該墓誌見秦珠：《唐末盧峻墓誌銘》，載《考古與文物》1983年第1期。該誌收入吳鋼主編：《全唐文補遺》第七輯，三秦出版社，1999年，第163頁。

〔註16〕 吳鋼主編：《全唐文補遺》第一輯，三秦出版社，1994年，第249頁。

〔註17〕 吳鋼主編：《全唐文補遺》第一輯，三秦出版社，1994年，第166頁。

〔註18〕 岑仲勉在《郎官石柱題名新考訂》盧承基條中對元莊一支作了部分考訂。「《芒洛四編》五，天寶九載《盧復誌》：『府君諱復，字子休。……北齊黃門侍郎思道即君之五代祖。……高祖赤松，皇朝太子率更令，范陽郡開國公。曾祖承基，皇朝主客郎中、鄆州刺史。……祖元莊，皇朝通議大夫嘉州刺史。……父知遠，朝議大夫見任襄陽郡司馬。』復以天寶八載辛於譙郡城父尉，年卅六。世系略同《新唐書》七三上，惟知遠稱其終官資州刺史，復之名未著錄，止有子巽及孚，昆仲皆以易卦命名也。又《芒洛四編》六貞元九年《盧寂誌》云：『曾祖承基，皇主客郎中、鄆州刺史。祖元莊，沔、普、嘉三州刺史。父光遠，京兆府奉先縣丞。』《新唐書》表亦缺光遠一支。」

〔註19〕 吳鋼主編：《全唐文補遺》第六輯，三秦出版社，1999年，第107頁。

州長史、郢州刺史。……夫人博陵崔氏，唐光祿卿萬石之女。……嗣子三人：濟光、庭泌、□□，精誠邁古，孺慕通神。」〔註 20〕元衡三子，有名姓者兩人。

盧仲容，盧全操之子。《新唐書・宰相世系表》謂盧玢、盧全操為盧承福的後代，疑有誤。有兩方墓誌可以佐證。《唐故兗州鄒縣尉盧君（仲容）墓誌銘並序》：「盧仲容字仲容，范陽人。其先姜姓，陽烏七葉孫也。自受氏無違德，到於今為盛門。曾祖諱承業，銀青光祿大夫、尚書左右丞、雍洛二州長史、絳州陝州刺史。祖諱玢，銀青光祿大夫、虢貝降三州刺史、并州長史。父諱全操，太中大夫、房州刺史。」〔註 21〕《太中大夫使持節房州諸軍事房州刺史上柱國魏縣開國子盧府君（全操）銘誌並序》：「君諱全操，字全操，涿郡范陽人也。自大嶽錫胤，異人間出。列於春秋，國史詳焉。公即皇率更令范陽公赤松之曾孫也。皇父承業，皇銀青光祿大夫、尚書左右丞、雍洛二州長史、使持節同並二州諸軍事。父玢，皇銀青光祿大夫、使持節虢貝絳三州刺史、并州長史、左屯衛將軍。……嗣子仲容，公之元昆枝子也。」〔註 22〕這兩方墓誌均載盧玢、盧全操父子為盧承業的後代，盧玢為盧承業之子，《新唐書・宰相世系表》所載有誤，今正之。

盧全誠、盧燈父子補自《唐故孝廉范陽盧公（燈）墓誌銘並序》：「君諱燈，字平仲，涿郡范陽人也。……君即後漢侍中植之十六葉孫，北齊黃門侍郎思道之五代孫，皇朝故尚書左丞、雍州長史承業之曾孫，皇朝故左屯衛將軍玢之孫，絳郡長史全誠之第二子。……公元昆曰恬，季曰恂。」〔註 23〕

盧雲、盧瀍父子乃盧全誠之子盧恂的後代，補自《唐范陽郡故盧氏夫人墓誌銘並序》：「夫人盧姓，□范陽郡人，開唐之盛族也。曾祖恂，皇絳州龍門縣令。祖雲，□部郎中、長安縣令、明州刺史。父瀍，皇朝請郎、嘉州龍遊縣令。」〔註 24〕

盧全質、盧全貞皆為盧玢之子，分別補自盧玢和盧全貞墓誌。《大唐故左

〔註 20〕 吳鋼主編：《全唐文補遺》第七輯，三秦出版社，1999 年，第 347 頁。

〔註 21〕 吳鋼主編：《全唐文補遺》第一輯，三秦出版社，1994 年，第 194 頁。

〔註 22〕 吳鋼主編：《全唐文補遺》第二輯，三秦出版社，1995 年，第 507 頁。又見周紹良主編、趙超副主編：《唐代墓誌彙編》開元 421，上海古籍出版社，1992 年 11 月版，第 1447～1448 頁。

〔註 23〕 吳鋼主編：《全唐文補遺》第二輯，三秦出版社，1995 年，第 549 頁。

〔註 24〕 吳鋼主編：《全唐文補遺》第四輯，三秦出版社，1997 年，第 187 頁。

屯衛將軍盧府君（玢）墓誌銘並序》：「君諱玢，字子玉，同州府君之次子也……有子全質等，祗循訓誡，泣血終天。」〔註25〕《唐故朝議郎平原郡長河縣令盧府君（全貞）墓誌銘並序》：「公諱全貞，字子正，范陽涿人也。……高祖北齊黃門侍郎思道。曾祖皇朝太子率更令赤松。祖銀青光祿大夫、尙書左右丞、雍洛州長史承業。父銀青光祿大夫、虢具絳州刺史、并州大都督府長史玢……公即絳州先府君之第四子也……孤子洄、洌、沄、泚、沈等，敬遵禮命，不敢有違。」〔註26〕

盧全嗣，亦爲盧玢之子。補自《范陽盧氏女子歿後記》：「曾祖承業，唐故銀青光祿大夫、尙書左右丞、雍州洛州長史、同州陝州刺史。祖玢，唐故銀青光祿大夫、并州大都督府長史。父全嗣，懷州武陟縣主簿。」〔註27〕

盧齊卿，乃盧承泰之子，《新唐書·宰相世系表》謂「承泰字齊卿，太子詹事、廣陽郡公」，有誤，今據盧侶墓誌補正〔註28〕。盧侶是盧成軌之子，盧侶有三子曰盧權、盧拱、盧拯。補自《唐故朝散大夫魏州貴鄉縣令盧公（侶）墓誌銘並序》：「……公諱侶，字子益，范陽涿人也。五代祖思道，北齊黃門侍郎、周大司徒、隋武陽郡守。高祖赤松，皇朝兵部尙書。曾祖承泰，皇朝齊州長史、贈德州刺史。祖齊卿，皇朝銀青光祿大夫、太子詹事、贈太子少保。父成軌，皇朝大理評事、贈易州刺史。……公即易州之元子也。……夫人河南獨孤氏……有子三人，女五人。長子權，好學修文，不幸早世。次曰拱，見任祕

〔註25〕吳鋼主編：《全唐文補遺》第六輯，三秦出版社，1999年，第377頁。

〔註26〕吳鋼主編：《全唐文補遺》第六輯，三秦出版社，1999年，第441頁。

〔註27〕吳鋼主編：《全唐文補遺》第二輯，三秦出版社，1995年，第562頁。

〔註28〕岑仲勉在《郎官石柱題名新考訂》盧齊卿條中曾作按語考訂過此事，並列舉了六個證據説明齊卿不是承泰之字，而爲承泰之子。「《新唐書》傳亦作縣公，不徒《舊唐書》傳爲然。《舊唐書》八一《承慶傳》云：『承業弟承泰，齊州長史。承泰子齊卿，長安初爲雍州錄事參軍』，《新唐書》一〇六《承慶傳》則云『弟承業、承泰，……承泰字齊卿』，合承泰、齊卿爲一人，實始《新唐書》傳而《新唐書》表沿之，勞謂《新唐書》傳同記齊卿爲承泰子，亦誤。齊卿必非承泰之字，可有六事證之：甲、據《舊唐書》傳，承慶、承業均卒總章，承慶年巳七十六（六七〇），如齊卿即承慶弟，未必至武后之末（七〇七），始登仕版。乙、《新唐書》表承泰下空去一代，情狀可疑。丙、承泰之孫成務、成軌、成麟均以『成』字連名，中間顯非奪去一世。丁、據《舊唐書》傳，太子詹事及少陽縣公乃齊卿官封，與梁肅盧氏世官記稱盧侶祖王公廣陽公相合。戊、承慶官齊州長史，涉『齊』字之同，《新唐書》傳表遂誤『子齊卿』爲『字齊卿』。己、赤松生當唐初，其孫仕武后，時間相當，若以爲赤松子則相距過遠矣。」

書郎，文華著聲，有名當代。累佐戎幕，歷官風憲。次曰拯。」〔註29〕

盧復，盧知遠之子，補自《大唐故譙郡城父縣尉盧府君（復）墓誌銘》：「府君諱復，字子休。……北齊黃門侍郎思道，即君之五代祖。……高祖赤松，皇朝太子率更令、范陽郡公。曾益承基，皇朝主客郎中、鄆州刺史。……祖元莊，皇朝通議大夫、嘉州刺史。……父知遠，朝議大夫、見任襄陽郡司馬。」〔註30〕

盧寵、盧竚、盧子鷲三人亦爲盧知遠的後代，補自《唐故鄉貢進士范陽盧府君（子鷲）墓誌》：「……君諱□，字子鷲。曾王父知遠，資州刺史。大父寵，河中府戶曹參軍。烈考竚，太常寺奉禮郎。」〔註31〕

盧成節爲盧齊卿之子，盧承泰之孫。據成節之子起信法師墓誌補正，《故范陽郡君盧尊師（起信）墓誌銘並序》：「尊師范陽郡君，法諱起信，范陽人也。曾祖諱承泰，皇德州刺史。祖齊卿，皇銀青光祿大夫、太子詹事。父成節，皇陝郡陝縣主簿……有哀子曰諶，朝散大夫、太子中允。」〔註32〕

盧行毅，朝請大夫、行鼎州三原縣令，盧承泰之子。《大周故朝請大夫行鼎州三原縣令盧府君（行毅）墓誌銘並序》：「公諱行毅，字子明，范陽涿人也。……曾祖齊黃門思道，祖唐太子率更令赤松，父齊州長史承泰，莫不思含風雅，道冠儒墨。……有子彥緒……」〔註33〕此處記載盧行毅有一子盧彥緒，另一方墓誌即盧行毅妻子隴西辛氏墓誌載其兩子，彥緒和彥冑。見《唐故鼎州三原縣令盧府君夫人辛氏墓誌銘並序》：「夫人姓辛氏，隴西人也。……年甫廿，徵禮於府君。……長息彥緒，少息彥冑等。」〔註34〕

〔註29〕吳鋼主編：《全唐文補遺》第四輯，三秦出版社，1997年，第95頁。該誌又見周紹良、趙超主編：《唐代墓誌彙編續集》元和053，上海古籍出版社，2001年，第837頁。

〔註30〕吳鋼主編：《全唐文補遺》第三輯，三秦出版社，1996年，第88頁。

〔註31〕吳鋼主編：《全唐文補遺》第四輯，三秦出版社，1997年，第109頁。

〔註32〕吳鋼主編：《全唐文補遺》第六輯，三秦出版社，1999年，第84頁。該誌又見周紹良、趙超主編：《唐代墓誌彙編續集》天寶097，上海古籍出版社，2001年，第652頁。

〔註33〕吳鋼主編：《全唐文補遺》第一輯，三秦出版社，1994年，第79頁。該誌又見周紹良主編、趙超副主編：《唐代墓誌彙編》大足008，上海古籍出版社，1992年11月版，第989頁。

〔註34〕吳鋼主編：《全唐文補遺》第二輯，三秦出版社，1995年，第477頁。該誌又見周紹良主編、趙超副主編：《唐代墓誌彙編》開元281，上海古籍出版社，1992年11月版，第1349～1350頁。

盧徹明，此爲勘正《新唐書・宰相世系表》中「盧微明」之謬誤。據《唐盧君妻□晉墓誌》：「夫人諱晉，字行畧，趙郡平棘人。曾祖蒔，齊陽平令。祖弘節，皇大理卿，清平公。父道謙，太府卿，清河公。夫人少明惠柔順，居家以仁孝稱，既笄之後，繼室歸于我先府君……府君先有兩子，曰徹明、藏用，夫人自誕一子，曰若盧……睿宗時，藏用遷黃門，徹明任御史。」〔註35〕

盧暠、盧利貞父子爲盧伯初的後代，補自《唐故華州司法參軍范陽盧公（暠）墓誌並序》：「公諱暠，范陽涿人也。曾祖承福，皇益州司馬。祖瑤，梓州銅山縣令。考伯初，鄭州別駕。公即鄭州府君長子也。……夫人河東裴氏，德備禮經，哀貫蒼昊。嗣子利貞等孝自天性，哀越常倫。」〔註36〕

盧峴前，爲盧暠之子，補自《唐盧暠妻裴氏墓誌》：「夫人姓裴氏，代爲河東右族……年十有四，歸於范陽盧暠……嗣子峴前，弘文館明經。」〔註37〕

盧槊，盧承福之子。補自《唐故益州大都督府司馬上騎都尉盧君（承福）墓誌》：「君諱承福，字子祐，幽州范陽人也。十二代祖植，漢北中郎將。八葉祖諶，後趙中書令。五代祖玄，後魏散騎常侍。大父思道，齊黃門侍郎，隋散騎侍郎。父赤松，率更令。……夫人彭城劉氏，刑部尚書彭城公之長女……嗣子槊，年甫將立……」〔註38〕

盧承恩，盧赤松之子，其子名爲盧調，盧調有五子：若厲、若晦、暄、緘、綱。補自《大唐處士范陽盧府君（調）墓誌銘並序》：「君諱調，字子通，范陽涿人也，神農姜姓之後也……曾祖思道，齊黃門侍郎，隋武陽郡太守。茂德宏舉，雄名遠振。仁威被俗，聲高列郡之前；才業冠時，價重連雲之省。祖赤松，皇朝太子率更令，范陽郡開國公。門承積慶，天與多才。馳譽龍樓，載允得人之望；趨榮鶴鑰，實表清賢之選。父承恩，宋州長史。……夫人琅琊王氏，故岐州鄠縣令彬女也。……長子若厲，見任鄭州原武縣主簿。次子若晦，婺州金華縣尉，亡。三子暄，前任滁州錄事參軍。四子緘，前任衢州參軍。五子綱，見任左清道率府錄事參軍。」〔註39〕

根據以上考證，可以製作范陽盧氏大房盧道亮支世系表如下：

〔註35〕趙君平編：《邙洛碑誌三百種》，北京：中華書局，2004 年，第 140 頁。對墓誌拓片仔細辨認，應以「徹明」爲是。《全唐文補遺》第六輯第 44 頁《盧璥妻李晉墓誌》仍作「微明」，有誤。

〔註36〕吳鋼主編：《全唐文補遺》第七輯，三秦出版社，1999 年，第 67 頁。

〔註37〕趙君平編：《邙洛碑誌三百種》，北京：中華書局，2004 年，第 260 頁。

〔註38〕吳鋼主編：《全唐文補遺》第七輯，三秦出版社，1999 年，第 10 頁。

〔註39〕吳鋼主編：《全唐文補遺》第二輯，三秦出版社，1995 年，第 424 頁。

表二三：范陽盧氏大房盧道亮支世系表

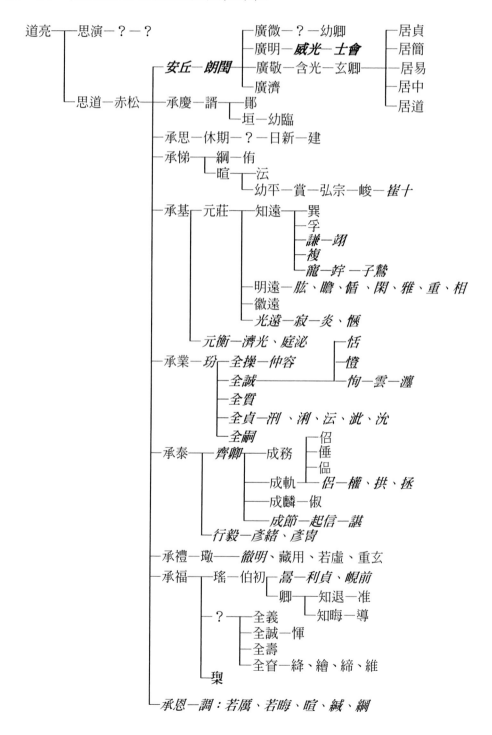

（三）盧道裕支系

盧道裕（475～519），字寧祖。少以學尚知名，風儀兼美。尚顯祖女樂浪長公主，拜駙馬都尉、太子舍人，尋轉洗馬。遷散騎侍郎，轉安遠將軍、中書侍郎，兼祕書丞。尋以母憂去官。服終，復拜中書侍郎，遷龍驤將軍、太子中庶子、幽州大中正。轉長兼散騎侍郎，加左將軍。神龜二年（519），除左將軍、涇州刺史。其年七月卒官，年四十四。贈撫軍將軍、青州刺史，賜帛三百匹，諡曰文侯。〔註40〕

道裕有子曰盧景緒，武定中任職儀同開府錄事參軍。該支為《新唐書・宰相世系表》所缺載。

表二四：范陽盧氏大房道裕支世系表

盧道裕──盧景緒

（四）盧道虔支系

盧道虔，字慶祖。北魏時尚高祖女濟南長公主。後因公主暴薨被懷疑道虔所害。靈太后黜道虔為民，終身不仕。孝昌末，臨淮王彧因將出征，啟除道虔奉車都尉。永安中，除輔國將軍、通直常侍，尋加征虜將軍。以議曆勳，賜爵臨淄伯，遷散騎常侍。北魏分裂後，入仕東魏政權。天平初，征南將軍，轉都官尚書、本州大中正。出除驃騎將軍、幽州刺史。尋加衛大將軍，卒於官。贈都督幽瀛二州諸軍事、驃騎大將軍、尚書右僕射、司空公、瀛州刺史，諡曰恭文公。道虔有五子，濟南長公主生二子，昌宇、昌仁。昌宇不慧，昌仁早卒。道虔又娶司馬氏，有子昌裕，及司馬見出之後，更娉元氏，生二子昌期、昌衡。〔註41〕

盧嶠為盧道虔六世孫，盧嶠之子曰盧嘉瑗，潭州長沙尉，英年早逝，有子曰立。補自《唐故永州□盧司馬（嶠）夫人崔氏墓誌銘並序》：「夫人諱□，字□，清河武城人也。……笄年，嬪於盧君。君諱嶠，少補齊郎，歷陳州參軍、衡州司馬、邵、永二州司馬、賜緋魚袋。……夫人一男二女。男名嘉瑗，潭州長沙尉，早夭即世。瑗子小字陳三，代父繼絰，今則十歲矣。」〔註42〕

〔註40〕《魏書》卷四七《盧玄附道裕傳》。
〔註41〕《魏書》卷四七《盧玄附道虔傳》。《北史》卷三〇《盧玄附道虔傳》作「昌宇」為「昌寓」。
〔註42〕吳鋼主編：《全唐文補遺》第四輯，三秦出版社，1997年，第75頁。

另，《唐故給事郎守永州司馬賜緋魚袋范陽盧府君（嶠）墓誌銘並序》：「顯祖安壽，皇朝綿州長史。大父正紀，汝州司馬。烈考抗，絳州聞喜縣令。……公即聞喜之元子也……嗣子嘉瑗，不幸早世。嘉瑗之子曰立，哀纏於自性，禮得於生知。」〔註43〕此誌載盧嶠之父爲盧抗，而《新唐書‧宰相世系表》作「盧伉」，相比其子之墓誌所載當更爲準確，今以墓誌所載爲準。

盧復，盧嘉猷之父。盧亮、盧景厚皆爲盧嘉猷之子。補自《唐故河中府士曹參軍盧府君（嘉猷）墓誌銘並敘》：「公諱嘉猷，字知道。范陽人也。漢侍中植十七代孫。曾祖正紀，汝州司馬。祖抗，絳州聞喜縣令。皇考復，大理司直。……長子亮，先府君即世。次子景厚，弘禮漢封。」〔註44〕

盧士喆、盧君度一支爲盧汶之後，盧槃爲盧弘宣之子。補自《唐故申州刺史盧府君（槃）墓誌銘》：「府君諱槃，字子隱。以乾符六年六月廿四日捐歿申州所任。曾祖汶，皇任監察御史。祖士喆，皇不仕。父君度，皇試太常寺奉禮郎。府君實故荊南節使、檢校兵部尙書弘宣之親猶子也。」〔註45〕據此誌盧槃名義上爲盧君度之子，然實際上是盧弘宣之子。誌文所記載盧槃三子糺兒、胡僧、膽兒應該是乳名，盧槃去世時尙年幼。

盧弼，盧鎮之子。補自《唐故和州含山縣主簿盧府君（弼）墓誌銘並序》：「公諱弼，字佐元，范陽涿人。……高祖志安，萬年丞。曾祖游道，劍州普安縣丞。咸以器度弘懋，踐更清袟。大父絢，以藻翰馳譽，公方策名，位至兵部侍郎。烈考鎮，以文行光，充貞廉激俗，官至華州功曹掾。公即功曹之子。」〔註46〕

盧倕、盧就以及盧就之子盧扃、盧喬、盧憲、盧重、盧陵，史書無載，補自《唐故朝請大夫尙書刑部郎中上柱國范陽盧府君（就）墓誌銘並序》：「有唐刑部郎中盧君諱就，字子業，范陽人也……曾祖緬，終安定郡別駕。祖溥，海州朐山縣尉。父倕，檢校著作郎、兼同州司馬、贈司爵郎中。君娶滎陽鄭氏，先君而歿。有男一人，曰扃，始成童。又別男四人，女□人。長曰喬，

〔註43〕吳鋼主編：《全唐文補遺》第六輯，三秦出版社，1999年，第106頁。
〔註44〕趙君平、趙文成編：《河洛墓刻拾零》下冊，北京圖書館出版社，2007年，第545頁。
〔註45〕趙君平、趙文成編：《河洛墓刻拾零》下冊，北京圖書館出版社，2007年，第640頁。
〔註46〕趙君平、趙文成編：《河洛墓刻拾零》下冊，北京圖書館出版社，2007年，第478頁。

－120－

賢而有文學，始應進士，已知名。次日憲，日重，日陵。長女嫁趙郡李□□
□終。」〔註47〕

　　盧佽，盧澤之子，盧景明之孫。補自《唐故懷州錄事參軍清河崔府君後
夫人范陽盧氏墓誌銘並序》：「夫人諱□字□。曾祖景明，王屋令。曾妣清河
崔氏。祖澤，殿中侍御史、華州判官。祖妣榮陽鄭氏，故刑部侍郎少微之女
也。父佽，陝州夏縣尉。妣鄭氏，少微之孫，大理正朝之女。」〔註48〕

　　盧濰、盧俠父子，是盧景明之後，補自《唐故昭州平樂縣尉盧府君（俠）
墓誌銘並序》：「府君諱俠，字毅夫，范陽人。曾王父正儀，皇并州倉曹參軍。
大父景明，王屋令。父濰，晉州司倉參軍……大和三年，君之猶子、前鄉貢
進士近，思緘積歲逴方寓殯之痛，始與二李妹謀，閒關修阻，協卜襄事。」〔註
49〕《新唐書·宰相世系表》謂盧俠曾王父諱正義，盧俠墓誌載爲正儀，今以
墓誌正之。

　　盧佐爲盧濰之子，盧厚爲盧佐之子，補自《唐故杭州餘杭縣尉范陽盧府
君（厚）墓誌文並序》：「君諱厚，字子處，范陽涿人也。自漢魏已降，婚姻
禮樂之盛，常冠他族。曾祖府君諱景明，終河南府王屋縣令。祖府君諱濰，
終晉州司倉參軍。烈考府君諱佐，終同州錄事參軍，贈給事中。」〔註50〕

　　盧士鞏爲盧浼之子，盧士鞏有子名日盧從範。補自《唐故（鄭頎妻）范
陽盧夫人墓誌銘並序》：「夫人姓盧氏，范陽涿郡人也。曾祖諱浼，皇魏州元
城縣尉，贈工部郎中。祖諱士鞏，皇鄭州長史，贈本州刺史……父從範，前
潞州大都督府右司馬。」〔註51〕該誌很清晰地記載了盧浼、盧士鞏、盧從範
三代譜系。另，《大燕故魏府元城縣尉盧府君（浼）墓誌序》：「公諱浼，范陽
涿郡人也。曾祖志安，唐朝萬年縣丞。祖正言，唐朝右監門衛將軍、贈銀青
光祿大夫、兗州刺史。父朓，唐朝朝請大夫、祕書郎、深鄧二州司馬。……
公始以孝廉擢第，解褐授豫州汝陽縣尉，第二任魏州元城縣尉。……嗣子三
人，年始齠齔，官名未定，各以小字而稱之，日阿大、阿王、吳郎，皆保世

〔註47〕吳鋼主編：《全唐文補遺》第一輯，三秦出版社，1994年，第318頁。

〔註48〕吳鋼主編：《全唐文補遺》第一輯，三秦出版社，1994年，第385頁。

〔註49〕吳鋼主編：《全唐文補遺》（千唐誌齋新藏專輯），三秦出版社，2006年，第
　　　　350頁。

〔註50〕吳鋼主編：《全唐文補遺》（千唐誌齋新藏專輯），三秦出版社，2006年，第
　　　　380～381頁。

〔註51〕吳鋼主編：《全唐文補遺》第六輯，三秦出版社，1999年，第183頁。

之子也。」〔註52〕《新唐書・宰相世系表》謂之「盧浼」，「浼」與「浼」本爲同一字，且兩者所記官職同，故推測其爲同一人。

盧貞晦、盧囧皆爲盧儔之子。補自《唐故范陽盧囧墓誌銘並序》：「咸通十二年歲次辛卯六月十三日戊子，我季弟囧遇疾，終於東都陶化里之僦第，時年廿有二……曾王父瀜，檢校祠部郎中，贈太子少保。王父士瓊，河南府司錄參軍，贈職方郎中。烈考儔，河中少尹。」〔註53〕《新唐書・宰相世系表》謂盧儔爲盧士璵之子，有誤。盧貞晦爲其弟盧囧所撰墓誌記載盧儔爲盧士瓊之子，盧儔係其父，所言自當不虛，今據墓誌移正之。

盧輅，盧處約之子，有四子：鄭六、詠、諤、延慶。補自《唐故朝議郎使持節均州諸軍事守均州刺史范陽盧府君（輅）墓誌銘》：「公諱輅，字子致，范陽涿郡人……敬仲廿三代至秦博士敖。敖十四代至漢侍中植。植八代至陽烏。烏生道虔。虔六世至大王父諱瀜，以子貴贈太子少保。王父仕至岳陽太守，諱士瑛。烈考諱處約，不偶於時，爲盧州舒城縣丞，贈左贊善大夫……生一男四女。男曰鄭六，以齊郎補襄州參軍，名茂實……公未娶之前有二男二女，今唯少子諤存焉。得明經第，爲陝州文學。公鰥居之後有一子曰延慶，今八歲矣。」〔註54〕另，《唐故范陽盧氏（輅）滎陽鄭夫人墓誌銘》：「夫人生生四女一男。男曰鄭六……輅未婚前有兩男一女，皆已成人。男曰詠，舉進士。次曰諤，以經業出身。」〔註55〕

盧輻，盧處約之第四子，補自《唐故鄉貢進士范陽盧府君（輻）墓誌銘》：「公諱輻，字子固。自幼至壯，則名輣，字子飛。及其隋薦，則更之以上名，今亦兩存焉。大王父皇檢校祠部郎中、累贈太子少保諱瀜，烈祖皇朝散大夫、岳州刺史諱士瑛，我先府君皇盧州舒城縣丞諱處約。公即舒城府君第四子……有女子十歲，曰小倩。男五歲，曰宣兒。」〔註56〕

盧燮爲盧士瑛之子，盧瑟爲盧燮之子。補自《唐故京兆府三原縣尉盧府

〔註52〕吳鋼主編：《全唐文補遺》（千唐誌齋新藏專輯），三秦出版社，2006 年，第241 頁。

〔註53〕趙君平：《邙洛碑誌三百種》，北京：中華書局，2004 年，第 326 頁。

〔註54〕吳鋼主編：《全唐文補遺》第六輯，三秦出版社，1999 年，第 189 頁。

〔註55〕吳鋼主編：《全唐文補遺》第六輯，三秦出版社，1999 年，第 173 頁。誌文又見於趙君平、趙文成編：《河洛墓刻拾零》下冊《唐故范陽盧氏滎陽鄭夫人墓誌銘》，北京圖書館出版社，2007 年，第 593 頁。

〔註56〕吳鋼主編：《全唐文補遺》（千唐誌齋新藏專輯），三秦出版社，2006 年，第377 頁。

君（愻）墓誌銘並序》：「府君諱愻，字子順，其先范陽人也。曾祖瀗，皇尚書祠部郎中。祖士瑛，皇岳州刺史。皇考公燮，皇汴州雍丘縣令。府君即長官第三子。」〔註57〕

　　盧士珩、盧士玟，分別爲盧瀗之第六子、第七子，補自《唐故蘇州長洲縣尉范陽盧府君（士珩）墓誌銘並序》：「君諱士珩，字景瑜，其先范陽人也。遠祖秦博士敖，得高奔日月之道，化爲雲仙。綿綿子孫，爲世鼎甲。至唐故右監門衛將軍光侯諱正言，公之曾祖也。文武兼資，勳庸冠代，統領環衛，中外榮之。唐故朝散大夫、深州司馬府君諱胱，公之大父也。天縱高文，爲世師表。龍門篇之什，人到於今稱之。唐故朝議大夫、尚書祠部郎中、贈兵部尚書府君諱瀗，公之皇考也。盛業充內，高文發外，而全德懿範，於時宗之。公即尚書府君之第六子也……前娶清河崔夫人，生子曰慶方。後娶滎陽鄭夫人，無子，早夭。」〔註58〕該誌撰者爲盧士玟，「撰此誌時署第七弟、中散大夫、守太子賓客、上柱國、賜紫金魚袋士玟撰」，因此可補士玟爲盧瀗第七子。而《新唐書・宰相世系表》中已載士玟爲盧瀗第四子，官職爲太子賓客。兩《唐書》中無《盧士玟傳》，而皆有《盧士玫傳》。《盧士玫傳》載：「盧士玫，山東右族，以文儒進。性端厚，與物無競，雅有令聞。始爲吏部員外郎，稱職，轉郎中、京兆少尹。奉憲宗園寢，刑簡事集，時論推其有才，權知京兆尹事。會幽州劉總願釋兵柄入朝，請用張弘靖代己，復請析瀛、莫兩州，用士玫爲帥，朝廷一皆從之。士玫遂授檢校右常侍，充瀛、莫兩州都防禦觀察使。」穆宗時期，幽州叛亂，朱克融領軍襲擊瀛、莫兩州，盧士玫「罄家財助軍用，堅拒叛徒者累月」，最終兵敗，後來直到「朝廷宥克融之罪，士玫方得歸東洛。尋拜太子賓客，留司洛中，旋除虢州刺史，復爲賓客。寶曆元年七月卒，贈工部尚書。」〔註59〕從盧士玫任官履歷來看，與盧士珩墓誌撰者盧士玟似非同一人〔註60〕，故此《新唐書・宰相世系表》中所謂「士玟」

〔註57〕趙君平、趙文成編：《河洛墓刻拾零》下冊，北京圖書館出版社，2007年，第600頁。

〔註58〕吳鋼主編：《全唐文補遺》（千唐誌齋新藏專輯），三秦出版社，2006年，第336頁。

〔註59〕《舊唐書》卷一六二《盧士玫傳》。亦見於《新唐書》卷一四七《盧士玫傳》。

〔註60〕岑仲勉《郎官石柱題名新考訂》中有盧士牧，勞格、岑仲勉皆以爲「士玟」之誤，見是書第60頁。趙超認爲「盧士玫，兩《唐書》本傳均作士玫，當從之」，亦認爲兩者爲同一人，然並無確鑿證據。見《新唐書宰相世系表集校》，第510頁。

很可能是「士玫」之誤，而「士玫」實乃盧瀹第七子。

　　盧仲權、盧繪父子，是盧清的後代，補自盧繪自撰的墓誌，《大唐故宣德郎前守蘇州海鹽縣令繪並前妻故隴西李氏合祔墓誌文自敘》：「唐故宣德郎、前守蘇州海鹽縣令盧繪，北祖大房七世祖諱昌衡，後魏侍中道虔第四子，任後魏驃騎將軍，隋書有傳。高祖諱正言，皇朝左監門衛大將軍、贈兗州刺史。曾祖諱朓，皇朝進士判等拔萃，祕書郎、深鄧二州司馬。祖諱清，皇魏郡莘縣主簿、贈右贊善大夫。祖妣，滎陽鄭氏，贈滎陽郡大居□。父諱仲權，皇朝均王府諮議參軍、上柱國，分司東都。……有弟從度，前任宋州單父縣尉。」〔註61〕

　　盧從度，盧仲權之子。補自《唐故陝州安邑縣令范陽盧府君墓銘有序》：「公諱從度，字子彝，其先伯夷，爲舜秩宗，太公實表東海，至僖公之子高傒，食菜盧邑，世爲齊卿，子孫因以爲氏。曾祖朓，以不世之才名動區宇。祖清，魏郡莘縣主簿，贈右贊善大夫。考仲權，均王府諮議參軍。」〔註62〕

　　盧景初，盧正言之第四子，補自《大唐故右監門衛將軍上柱國贈銀青光祿大夫兗州都督諡曰光范陽盧府君（正言）墓誌銘並序》：「君諱正言，字履貞，范陽人也。……高祖道虔，魏尚書左僕射。曾祖昌衡，隋左庶子。祖寶素，隋晉州別駕。父志安，皇朝協律郎、萬年縣丞，無違德也。君即萬年縣丞第五子。……令子五人：朝請大夫、鄧州司馬朓。左衛兵曹執顏。晉州司士踐微。吏部常選景初。秀才擢第先之。」〔註63〕《新唐書‧宰相世系表》載盧正言四子，缺第四子吏部常選盧景初。另，《新唐書‧宰相世系表》謂盧正言之父爲「盧安志」，而盧正言墓誌及下述盧湘、盧均芳墓誌均作「志安」，墓誌爲其子孫託人所撰，可靠性較強，今依墓誌正之〔註64〕。

　　盧行質、盧從質、盧德貞三兄弟，係盧湘之子。補自《唐故朝散大夫監察御史裏行上柱國賜魚袋盧公墓誌銘并敘》：「公諱湘，字鏡源，范陽涿人也，其先封於齊，漢侍中植之後，族望崇茂，軒裳弈暐，代有貴仕，世立明德，

〔註61〕吳鋼主編：《全唐文補遺》（千唐誌齋新藏專輯），三秦出版社，2006 年，第
　　　373 頁。又見《唐盧繪夫人李氏墓誌並蓋並墓表》，趙君平、趙文成編：《河洛
　　　墓刻拾零》下冊，北京圖書館出版社，2007 年 7 月，第 566～567 頁。
〔註62〕趙君平：《邙洛碑誌三百種》，北京：中華書局，2004 年，第 323 頁。
〔註63〕吳鋼主編：《全唐文補遺》（千唐誌齋新藏專輯），三秦出版社，2006 年，第
　　　158 頁。
〔註64〕盧朓墓誌也清晰記載了從盧道虔到盧瀹的世系，該誌也作「志安」。見《大唐
　　　故朝請大夫饒陽郡司馬上柱國盧府君墓誌銘並序》，胡戟、榮新江主編：《大
　　　唐西市博物館藏墓誌》二六五，北京大學出版社，2012 年版。

史詠詳焉。曾祖志安，皇鄭州滎澤縣令。祖正言，皇右監門衛將軍，贈兗州刺史，謚曰光。父先之，皇河南府氾水縣丞，公即氾水府君第五子也。……有子三人，長曰行質，河中府永樂縣尉；次曰從質，方舉進士；幼曰德貞，皆稟嚴訓。」〔註65〕

盧均芳，盧正容之子，補自《大唐故北海郡千乘縣令盧府君（均芳）墓誌並序》：「君諱均芳，字德宗，涿郡范陽人也。六代祖淵，字陽鴻，魏祕書令、固安侯。譽滿寰中，名播海內。曾祖寶素，隋晉州別駕。題旌祐理，圇圇虛空。祖志安，皇朝萬年縣丞。價重黃金，毗贊赤縣。父正容，皇朝潤州司戶參軍。政弘版藉，首出郡掾，增以名家體道，粉澤禮樂。君潤州府君之長子。」〔註66〕

盧匡伯，盧渚之子，盧光懿之孫。補自《唐范陽盧夫人墓誌銘》：「夫人九代祖諱（與高祖神堯皇帝同），後魏左僕射，以小字陽烏，今稱閥閱者，多以陽烏房為上。曾祖諱光懿，滑州衛南縣令。祖諱渚，門下省城門郎。父匡伯，河南府洛陽縣丞。丞即（李）璋之親舅也。以宿敦世親，許垂婚媾。」〔註67〕

盧有鄰，盧正容之子，補自《大唐故文林郎守徐州沛縣主簿范陽盧府君（有鄰）墓誌銘並序》：「君諱有鄰，字慕眞，范陽涿人也。列曾寶素，隋晉州別駕。王父志安，皇朝相州鄴縣鄭州滎澤二縣令、雍州萬年縣丞。皇考正容，潤州司戶參軍。……君即潤州府君之次子也……嗣子棲霞等，年踰始孩，有迷童稚。」〔註68〕

盧自省，盧逖之第三子，《大唐故永王府錄事參軍盧府君（自省）墓誌銘並序》：「公諱自省，字子愼，范陽涿人，其先太嶽之胤也。……淵生司空道虔，虔生周左庶子昌衡，衡生皇博州刺史寶胤，胤生絳州稷山令元規，規生滑州衛南令逖。積仁累德，族大寵彰。公即衛南府君三子也。……嗣子克等，哀哀訴天，繅絰之中，禮無違者。」〔註69〕

根據以上考證，可以製作范陽盧氏大房盧道虔支世系表如下：

〔註65〕趙君平編：《邙洛碑誌三百種》，北京：中華書局，2004年，第262頁。
〔註66〕吳鋼主編：《全唐文補遺》（千唐誌齋新藏專輯），三秦出版社，2006年，第208頁。
〔註67〕吳鋼主編：《全唐文補遺》第一輯，三秦出版社，1994年，第384頁。
〔註68〕吳鋼主編：《全唐文補遺》（千唐誌齋新藏專輯），三秦出版社，2006年，第162頁。
〔註69〕吳鋼主編：《全唐文補遺》第一輯，三秦出版社，1994年，第189頁。

表二五：范陽盧氏大房盧道虔支世系表

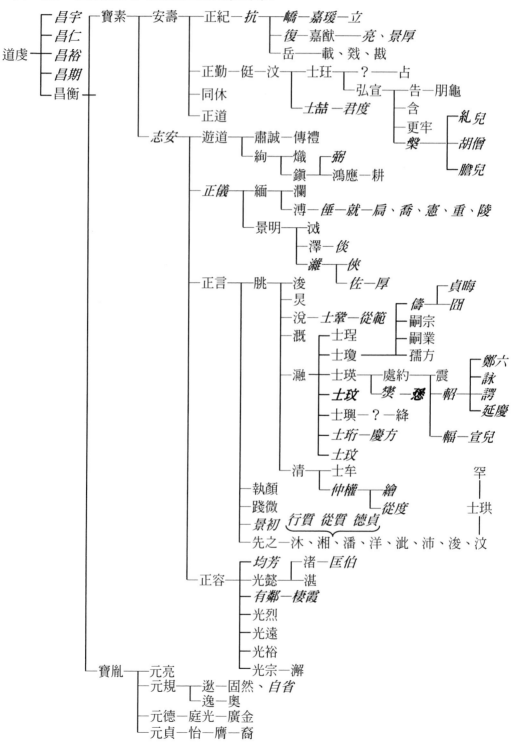

（五）盧道侃支系

盧道侃（？～527），字希祖。州主簿，沉雅有學尚。北魏孝昌末年（527）卒。有二子早夭，以其弟盧道約子正達爲後嗣。盧正達進入東魏政權，武定中，盧正達爲征虜將軍、太尉記室參軍〔註70〕。該支爲《新唐書・宰相世系表》所缺載。

表二六：范陽盧氏大房盧道侃支世系表

盧道侃──盧正達

（六）盧道和支系

盧道和，字叔維。「兄弟之中，人望最下。冀州中軍府中兵參軍」〔註71〕。

道和有三子，分別是景豫、景熙、景猷。盧景熙，東魏武定中，儀興開府諮議。盧景猷，弘農太守。景猷子士彥，「有風概，隋開皇中，爲蜀王秀屬。以秀所爲不軌，辭疾，終於家」〔註72〕。

表二七：范陽盧氏大房盧道和支世系表

（七）盧道約支系

盧道約（485～543），字季恭。「起家員外郎，累遷司空錄事參軍、司徒屬、幽州大中正、輔國將軍、光祿大夫。轉司徒右長史。太傅李延寔出除青州。延寔先被病，道約，延寔之妻弟，詔以道約爲延寔長史，加散騎常侍，寄以匡維也。永熙中，車騎將軍、左光祿大夫、領廣平王贊儀同開府長史」。北魏分裂後，進入東魏政權，「天平中，開府儀同高岳請爲長史。岳轉除青冀二州，道約仍爲長史，隨岳兩藩，有毗佐之稱。興和末，除衛大將軍、兗州刺史，在州頗得民和」〔註73〕。武定元年（543）卒，年五十八。贈使持節、驃騎大將軍、儀同三司、幽州刺史。

〔註70〕《魏書》卷四七《盧玄附道侃傳》。《北史》卷三〇《盧玄附道侃傳》。
〔註71〕《魏書》卷四七《盧玄附道和傳》。《北史》卷三〇《盧玄附道和傳》作道和字爲「叔雍」。
〔註72〕《北史》卷三〇《盧玄附道和傳》。
〔註73〕《魏書》卷四七《盧玄附道約傳》。

道約有三子，分別爲正通、正思、正山。

盧正通，開府諮議。少有令譽，位開府諮議，徵赴晉陽。愚患卒。

正山有子曰公順，「早以文學見知，爲符璽郎，待詔文林館。正思兄弟以齊太后舅氏，武平中，並得優贈」〔註74〕，盧正山之女爲北齊河南王孝瑜妃〔註75〕。

該支系亦爲《新唐書·宰相世系表》所缺載。

表二八：范陽盧氏大房盧道約支世系表

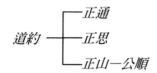

（八）盧道舒支系

盧道舒，字幼安，盧淵第八子，由於長兄道將相讓，道舒襲其父爵位。位中書侍郎。有一子曰熙裕，襲爵。熙裕清虛守道，有古人風，爲親表所敬〔註76〕。

盧處邁，道舒之曾孫，熙裕之孫，士綸之子，盧同吉之父，補自《唐故蜀郡蜀縣令清河崔府君夫人范陽盧氏墓誌銘並序》：「夫人諱□字□，范陽涿人也……曾祖處邁，德州長史。王父同吉，定州無極縣令。皇考叔慈，絳州司功參軍。」〔註7〕

盧招，盧同吉之曾孫，盧元亨之孫，補自《有唐登仕郎行魏郡冠氏縣尉雲騎尉盧公（招）墓誌銘並序》：「公諱招，字子思，涿郡范陽人也。出於炎帝之胤，舜以揖讓爰終，伯□典其禮，武以師徒禁暴，尙父訓其兵。派其後而蕃昌，宅燕垂而光大。自續漢尙書子幹之後，代有英彥，焜耀於時。凡今之人，以官婚爲評者，謂之甲族。公即後魏祕書監陽烏七代孫也。曾祖同吉，皇朝無極縣丞。大父元亨，孝義縣令。考□□，河內縣令。……公無男子，

〔註74〕 《北史》卷三〇《盧玄附道約傳》。

〔註75〕 《北齊書》卷一一《河南康舒王孝瑜傳》，《北史》卷五二《河南康獻王孝瑜傳》。

〔註76〕 《北史》卷三〇《盧玄附道舒傳》。

〔註7〕 吳鋼主編：《全唐文補遺》第六輯，三秦出版社，1999年，第86頁。該誌又見周紹良、趙超主編：《唐代墓誌彙編續集》天寶096，上海古籍出版社，2001年，第651～652頁。

有女子子三人。」〔註78〕誌文中記載了盧招之父的名諱，惜字迹漫漶，無法辨認。

　　盧昭價、盧擢父子，見於《唐試大理評事鄭公故夫人范陽盧氏墓誌銘並序》：「有唐壬申歲十有一月壬子朔四日乙卯，鄭氏之婦范陽盧氏，終於長安之修行里。……盧氏自陽烏以純德顯，後魏遂祚土開國，以第八子□亮嗣封，即夫人之十代祖也。守族傳祀，代無違德。以至於相州滏陽縣令元茂，滏陽府君生河間縣司馬昭價，河間府君生和州歷陽縣令擢。咸德充而位不至。夫人即歷陽府君之第二女也。」〔註79〕不過此則墓誌中疑有一處錯誤，根據《魏書》和《北史》中盧玄的傳記，盧陽烏第八子名為道舒，並非□亮，而且襲陽烏爵位的也是道舒，是道將讓給道舒的，而不是墓誌中所說是□亮。兩相比較，筆者認為道舒更為合理。

　　根據以上考證，可以製作范陽盧氏大房盧道舒支世系表如下：

表二九：范陽盧氏大房盧道舒支世系表

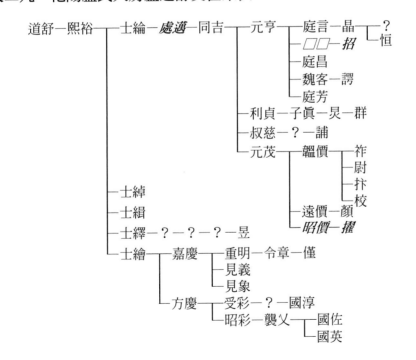

〔註78〕吳鋼主編：《全唐文補遺》第三輯，三秦出版社，1996年，第94頁。又見周紹良主編、趙超副主編：《唐代墓誌彙編》天寶252，上海古籍出版社，1992年11月版，第1707頁。
〔註79〕吳鋼主編：《全唐文補遺》第一輯，西安：三秦出版社，1994年，第226頁。

二、范陽盧氏二房盧敏房世系補正

二房盧敏字仲通，小字紅崖，「少有大量。太和初，拜議郎，早卒。贈威遠將軍、范陽太守，謚曰靖。高祖納其女爲嬪」〔註80〕。敏有五子，長子盧義僖，次子盧義惊，次子盧義敦〔註81〕，次子盧義安。有一子不可考。

（一）盧義僖支系

盧義僖，字遠慶，早有學尚，識度沉雅。年九歲，喪父，便有至性，少爲僕射李沖所歎美。起家祕書郎，累遷冠軍將軍、中散大夫，以母憂去職。後拜征虜將軍、太中大夫，散秩多年，澹然自得。孝昌中，除散騎常侍。普泰中（531 年），除都官尚書、驃騎大將軍、左光祿大夫。卒後，贈本將軍、儀同三司、瀛州刺史，謚曰孝簡〔註82〕。

盧宗，義僖五世孫，盧旻之子，《唐故桂州刺史兼御史中丞孫府君（成）故夫人范陽郡君盧氏墓誌銘並序》：「夫人范陽人也。其先有若北中郎植，以經術重東漢；固安公度世，以才業翊元魏。自固安至夫人十一代，皆出於崔、李、鄭三族。今之論甲門者，曰興州刺史守直，曰長樂太守昇明，即夫人之伯祖、叔祖也。曾王父諱處實，爲衢州常山令。王父諱旻，爲鳳州別駕。父諱宗，爲鄧州南陽令。」〔註83〕

盧守眞，盧昂之子，出家爲僧，守眞爲其僧號，並非眞實名諱。補自《唐故中大夫澧州刺史賜紫金魚袋范陽盧府君（昂）墓誌銘並序》：「盧氏之先，自營丘啓封，茉邑定氏。至秦博士敖，遂稱燕人。漢侍中植，名著海內，學爲儒宗。居涿郡，魏太祖表其地爲先賢之鄉。子毓，爲魏司空。孫珽、曾孫志、玄孫諶，皆名重晉朝，爲當代髦碩。諶曾孫玄，玄子度世，又以學行秀傑，光於元魏。度世有四子，淵、敏、昶、尚，皆克紹祖德，能嗣先業。始以人物爲盛，次以官婚爲最。自敏四世至常州刺史府君諱幼孫，常州生黃門侍郎府君諱獻，黃門生鄂州刺史府君諱翊，鄂州生府君諱昂，字子皐。……冢嗣長，故河西縣令。次廣，河南縣丞，贈右司□□。別子一人，僧號守眞。右司之孤工部郎中商，總角伶俜，稟慶先世。」〔註84〕

〔註80〕《魏書》卷四七《盧玄附敏傳》。

〔註81〕《新唐書‧宰相世系表》謂「義惇」，《魏書》卷四七《盧玄附敏傳》作「義敦」，曰：「義惊弟義敦，字季和。征北府默曹參軍。」今以本傳爲準。

〔註82〕《魏書》卷四七《盧玄附義僖傳》。

〔註83〕吳鋼主編：《全唐文補遺》第一輯，西安：三秦出版社，1994 年，第 253 頁。

〔註84〕吳鋼主編：《全唐文補遺》第四輯，西安：三秦出版社，1997 年，第 115 頁。

　　盧郭九、盧同四兄弟爲盧知宗別子，補自《唐故河中少尹范陽盧府君（知宗）墓誌銘並序》：「兄諱知宗，字弘嗣。吾家范陽涿人。……曾門犯文宗廟諱，皇澧州刺史、贈兵部尙書。大門諱廣，皇河南府河南縣丞，贈司空。先考相國諱商，皇戶部尙書、贈太尉……兄前娶滎陽鄭夫人，即相國太子少師贈司空謚德朗之女也……有子三人，骨氣異常，歲皆繼謝於家。女一人，婉順孝敬，親愛共美，配於鄉貢進士李承務。天乎不仁，兄構疾，因聞此女告歸於隴西氏封域。……今夫人即滎陽夫人堂妹也。……有子一人，器貌特異，早嬰沈?，其年春杪，竟不起所疾。別子兩人：曰郭九，次曰同四。」〔註85〕

　　盧嶷、盧炅兄弟爲盧翊之子，盧獻之孫。補自《□故通議大夫鄂州刺史上柱國盧府君（翊）墓誌銘並序》：「公諱翊，字子鸞，涿郡范陽人也。昔者賜履東海，分封北燕。開霸國之圖，受大名之錫。盧氏得姓，厥惟舊哉。……邛州刺史君胤，即公王父之父。常州刺史幼孫，即公之王父。公蓋黃門侍郎獻之次子也。……生四子，曰嶷、昂、炅、晏等……」。〔註86〕

　　盧晏、盧旺、盧初、盧伯卿、盧商、盧知退等人，補自《唐故滑州司法參軍范陽盧君（初）墓誌銘並序》，誌文曰：「范陽盧初，字子端。皇唐黃門侍郎獻府君之曾孫，鄂州刺史翊府君之孫，殿中進馬晏府君之子，刑部侍郎滎陽鄭少微之外孫也。高門令子能厥訓。由是，姑臧公揆以其子妻之。內外甲族，官婚俱美。始以門蔭歷荊州參軍事、滑州司法參軍。……叔父殿中侍御史旺，……君之女弟，吾族子從義之妻。……其孤知度支雲陽院、試大理評事伯卿……其志文，府君外舅故相國李公撰述，故因而不改。堂姪、守尙書工部郎中商記。……孫前鄉貢明經知退。」〔註87〕

　　盧伯卿，盧初之子，盧晏之孫。補自《唐故知鹽鐵轉運鹽城監事殿中侍御史內供奉范陽盧府君（伯卿）墓誌銘並序》：「公諱伯卿，字符章。其先姜姓，食采於盧，因而受氏。爰自東漢尙書，以儒學顯名，勳庸濟世。沮奸兇之詐謀，扶衰漢之頹運。魏晉以降，有若司空、侍中、中郎，繼纘明德，載在圖史。自國朝文昌左丞，黃門侍郎諱獻，嘗與狄公仁傑、魏公知古當天后朝，同興安劉復夏之業。今古相對，勳賢不絕，言士族者偉之。公即黃門四代孫也。黃門生鄂州刺史諱翊。鄂州生殿中省進馬諱晏。進馬生滑州司法參

〔註85〕吳鋼主編：《全唐文補遺》第四輯，西安：三秦出版社，1997年，第255頁。
〔註86〕吳鋼主編：《全唐文補遺》第二輯，西安：三秦出版社，1995年，第497頁。
〔註87〕吳鋼主編：《全唐文補遺》第一輯，西安：三秦出版社，1994年，第294頁。

軍諱初。皆克保家聲，藏器不曜。位卑道屈，世人無能知者。公即司法之長子也，李氏之出。外王父揆，乾元中，以鴻文奧學，潤色王猷。……夫人清河崔氏，夏州行軍司馬檢校尚書金部郎中兼御史中丞放之女。秦晉嘉耦，琴瑟以和。閨儀婦則，輝動中外。先公十六年而歿。有子二人：長曰知退，前鄭州滎陽尉。次曰知晦，前鄉貢明經。皆早聞詩禮，因心孝敬。有女三人：長適博陵崔礎。次適趙郡李頊。幼女始笄，方勤壺儀。」〔註88〕

盧讓，盧伯卿之子。補自《唐河中府猗氏縣主簿盧公（伯卿）故夫人清河崔氏墓誌銘並序》記載了盧伯卿夫人清河崔氏有三子，「夫人生子，男女九人。其男長曰讓，次孟六，次小孟。六女，一適人，二許嫁，三皆幼稚」〔註89〕，孟六，小孟頗似乳名，或許是知退、知晦幼年的名字，因此本文未將其列入世系。

盧方、盧陟父子，補自《唐范陽盧氏（陟）室女樂娘墓誌》：「盧氏室女，小字樂娘，范陽人也。父陟，前任祕書省著作郎、賜緋魚袋。母隴西李氏。大父諱方，皇任大理評事、東都留守推官。曾祖諱瑗，皇任歙州刺史。」〔註90〕

盧宗和、盧岌、盧鉴三人皆為盧方之子。補自《唐故朝議郎行大理評事上柱國范陽盧公（方）墓誌銘並序》〔註91〕：「公諱方，字仁囧，其先范陽涿人也。昔尚父佐周剪商，世祚東海。公子因邑命氏，代居北（燕）。其後尚書翊亮漢室，衛尉畢命晉朝。世載忠貞，光於簡冊。自後魏以官婚禮樂定天下，盧姓則遠派愈清，崇基愈峻，如眾山之有嵩華，百川之有河海矣。曾祖臨汝郡長史府君諱寶，大父檢校庫部郎中、太子中允、贈越州都督府君諱政，父檢校御史中丞、亳撫歙三州刺史府君諱瑗。外族隴西李氏，外祖皆，□皇建州刺史。……公之季□冀，以明識利器為侍御史、涇原節度判官。西郊綿邈，喪訃未達。嗣子宗和，泣血茹荼……夫人清河崔氏，皇處州刺史濟之子、公之姑女也。……公三男：長曰宗和，前鄭州中牟尉，次曰岌、曰鉴。四女：

〔註88〕吳鋼主編：《全唐文補遺》第一輯，西安：三秦出版社，1994年，第319頁。

〔註89〕吳鋼主編：《全唐文補遺》第四輯，西安：三秦出版社，1997年，第115頁。

〔註90〕吳鋼主編：《全唐文補遺》第一輯，西安：三秦出版社，1994年，第424頁。

〔註91〕該誌見周紹良、趙超主編：《唐代墓誌彙編續集》大和026，上海古籍出版社，2001年版，第900～901頁。《唐故文林郎前鄭州中牟縣尉范陽盧君（宗和）墓誌銘》亦載盧宗和世系，見趙君平、趙文成編：《河洛墓刻拾零》下冊，北京：國家圖書館出版社，第543頁。

長適公之生前河中府參軍事滎陽鄭謇，次適前右領軍冑曹參軍河東裴思敏。男自茇而下，女自裴氏而下，非夫人之出。」〔註92〕

盧直，盧珣之子，補自《唐故太常寺太祝范陽盧君（直）墓誌銘並序》：「公名直，字本愚，臨汝郡長史府君諱寰之曾孫，太子中允、贈汝州刺史府君諱政之孫，潞府右司馬府君諱珣之次子。……有子一人，女二人。長女適滎陽鄭秉彝，男□幼學，次女幼小。」〔註93〕

盧宗冉，盧直之子，補自《唐故試太常寺太祝范陽盧府君妻清河崔夫人墓誌銘並序》：「夫人稱未亡子與女子子之存者猶三人，長女適滎陽鄭秉彝，次女未從人，皆先夫人夭歿。宗冉始成童，由經明上第。」〔註94〕與盧直墓誌對比，不難發現，此誌墓主人清河崔氏與盧直為夫妻，而盧宗冉正是盧直之子。

盧重，盧珣之子，補自《唐故太原府陽曲縣令盧府君（重）墓誌銘並序》：「有唐故太原府陽曲縣令盧君諱重，字子言，范陽涿人也……曾祖諱□□□□皇朝河中府河西縣令。祖諱政，太子中允、贈越州都督。列考諱珣，潞州左司馬。君娶故相國李公夷簡之女。夫人早亡。有子五人：長曰譣，次曰諸，次曰譚，次曰諷，次曰詣。」〔註95〕

盧寓、盧回、盧當三人，史書不載。補自《唐故國子助教范陽盧公（當）墓誌銘並序》：「君諱當，字讓之，范陽人也。高祖諱寰，臨汝郡長史。曾祖諱政，太子中允。祖諱瑾，尚書屯田員外郎、河中少尹。考諱寓，試大理評事、嶺南節度推官。君，廷評公之幼子也。外族隴西李氏。中書侍郎平章事諱揆，君之曾王父。杭州刺史諱幼公，君之王父。中外炳煥，簪纓赫奕。官閥俱美，莫之與京。」〔註96〕

盧權、盧兀，皆為盧璠之子，補自《唐故歸州刺史盧公（璠）墓誌銘並序》：「元和戊戌歲正月，盧公以簡易慈惠之化牧秭歸，己亥歲七月朔旦，終於官。……公族本清甲，首冠群倫。時之冢卿藩後，列尊賦重。男冠女笄，靡不奔走其門，求為擊援。則其受氏占數，人得而稱。高祖操，洛州司功參軍。大

〔註92〕吳鋼主編：《全唐文補遺》第四輯，西安：三秦出版社，1997年，第88頁。
〔註93〕吳鋼主編：《全唐文補遺》第一輯，西安：三秦出版社，1994年，第279頁。
〔註94〕吳鋼主編：《全唐文補遺》第一輯，西安：三秦出版社，1994年，第300頁。
〔註95〕吳鋼主編：《全唐文補遺》千唐誌齋新藏專輯，西安：三秦出版社，2006年，第378頁。
〔註96〕吳鋼主編：《全唐文補遺》第一輯，西安：三秦出版社，1994年，第361頁。

父寰，臨汝郡長史。顯考政，太子中允、贈汝州刺史。皆位不充量，鍾美於公。公諱璠，字璠。……不數歲，舉進士上第，補西府文學。……以公再娶，卒爲鰥夫。二子權、亢，免水火之災，已至成立……而公之次兄，前東川節度副使、虞部員外郎、檢校大理少卿琬，如負至冤，無所赴訴。」〔註97〕

盧踐言、盧何、盧杭三兄弟，皆爲盧璠之子，補自《唐故京兆府涇陽縣尉范陽盧君（踐言）墓銘並序》：「君諱踐言，字子中。少聰敏有操尙，長而攻文業學。連舉進士，不得志於有司……曾祖諱寰，皇朝河中府河西縣令。祖諱政，太子中允，贈越州都督。烈考諱璠，歸州刺史。娶於故京兆府奉天縣尉隴西李璹之女。……別子二人：曰賀老，曰小魚。」〔註98〕

盧宏及其二子仲舉、仲連，補自《唐故宣州宣城縣府范陽盧府君（宏）並夫人博陵郡崔氏墓誌銘並序》：「府君諱宏，字子器，其先保姓受氏，代爲茂族。簡削所載，不書此矣。曾祖寰，終河南府士曹掾。祖政，終太子中允、贈汝州刺史。先府君璠，貞元四年進士擢第，累參中外，終假侍御史，出歸州牧。府君即第二子也。夫人崔氏，即故工部尙書、贈兵部尙書授之女也。早叶鳴兆，適於府君。貞順溫柔，淑德兼備。與府君皆簪以範族，冕以傳家。一男曰仲舉。一女曰佳。子早逝。別子一人曰仲連。」〔註99〕該誌云盧宏曾祖諱哀，疑爲「寰」之訛誤，兩字字形相似，而且世系頗與盧寰支系相符。

盧潛，盧戎之子。補自《范陽盧氏室女墓銘有敘》：「皇唐咸通癸未歲正月廿八日，范陽盧氏女以疾夭於東都懷仁里，享齡廿六。……其兄潛承母夫人之命，乞銘於崔子……父諱戎，皇朝邠寧節度推官、兼監察御史。」〔註100〕

盧琬及其子盧景南、盧景修，補自《范陽盧府君（景修）墓誌》：「君諱景修，字子從，小字駟郎。姓盧氏，范陽人也。曾祖諱寰，臨汝郡長史。祖諱政，太子中允，贈越州都督。父諱琬，檢校太子右庶子致仕。外氏崔姓，外王父諱顓，太子司議郎。君即庶子之第四子也。」〔註101〕根據該誌所題，

〔註97〕吳鋼主編：《全唐文補遺》第一輯，西安：三秦出版社，1994年，第271頁。

〔註98〕吳鋼主編：《全唐文補遺》第一輯，西安：三秦出版社，1994年，第337頁。

〔註99〕吳鋼主編：《全唐文補遺》第二輯，西安：三秦出版社，1995年，第64～65頁。又見吳鋼主編：《全唐文補遺》第四輯《唐故宣州宣城縣尉范陽盧府君（宏）並夫人博陵崔氏墓誌銘並序》，三秦出版社，1997年5月，第223頁。兩者文字略有不同。

〔註100〕吳鋼主編：《全唐文補遺》第七輯，西安：三秦出版社，1999年，第140頁。

〔註101〕吳鋼主編：《全唐文補遺》第一輯，西安：三秦出版社，1994年，第299～300頁。

盧景修墓誌的撰者是盧景南，而且在盧景南名下標注：「墓主之仲兄。」由此可知景南、景修為兄弟，皆為盧琬之子。

　　盧瓊，盧文壽曾孫，盧鉉之父。補自《大唐宣義郎裴公盧夫人墓誌銘並序》：「夫人諱婉，姓盧氏，其先范陽人也。絳州聞喜縣令瓊之幼孫，貝州經城縣尉鉉之幼女。仁賢載德，軒冕承家。積慶高門，實生明淑。年甫十五，歸於采蘋。承奉無違，虔恭有禮。宜家未幾，鵬室延災。以開元廿七年十月廿五日，終於西京平康里第，春秋廿有五。」〔註102〕

　　盧修，盧昭之子，盧萬石〔註103〕之孫。補自《唐故硤州司馬滎陽鄭府君前夫人范陽盧氏墓誌》：「夫人盧氏，范陽人也。皇朝司農卿萬石之曾孫，漢州別駕昭之孫，陳州司倉參軍修之第二女。年廿五，歸於鄭氏。」〔註104〕

　　盧文機，盧遜之子。補自《盧文機墓誌》：「君諱文機，字子辯，涿郡涿人也。……祖義僖，魏儀同、孝簡公。清規素範，名紀臺觀。父遜之，齊鄆州使君，聲高望重，羽儀家國。」〔註105〕《新唐書‧宰相世系表》將盧文機、盧文構之父作「愻之」，今據墓誌更正為「遜之」，《盧文構墓誌》中亦作「遜之」〔註106〕，墓誌乃墓主人熟悉之人撰寫，當更為準確。

　　盧玄晏、盧永二人，乃盧文機之後，補自《大唐故汴州尉氏縣令衡公前夫人范陽盧氏墓誌銘並序》：「夫人范陽盧氏，濬儀令文機之孫，鄆城尉玄晏之女，陽翟令永之姊也。夫人始笄，適於尉氏令衡公。公則夫人之從母之子也。」〔註107〕

　　盧紀本是盧邁從父弟之子，因盧邁無子嗣，而過繼給盧邁〔註108〕。盧延嗣是盧紀之子，盧岳是盧紀之孫。補自盧曆撰《盧岳墓誌》：「府君諱岳，

〔註102〕胡戟、榮新江主編：《大唐西市博物館藏墓誌》二三二《盧婉墓誌》，北京大學出版社，2012年11月版。

〔註103〕岑仲勉《郎官石柱題名新考訂》中《金部郎中‧盧萬石》條：「勞云：『勳外有萬碩，疑是一人』，按石、碩古通用，一人無疑。又《新唐書》表萬石二人，一第二房，另一第三房，可能時代相近，但從其歷官觀之，似以二房者為近是，三房者止監察御史而已。」盧萬石在《新唐書‧宰相世系表》盧氏成員中出現了兩次，一處為二房為二房義僖支，為司農卿、昌平公；一處為四房文翼支，為監察御史、昌平縣侯。此處岑先生認為是第二房和第三房，有誤。

〔註104〕吳鋼主編：《全唐文補遺》第一輯，西安：三秦出版社，1994年，第344頁。

〔註105〕韓理洲輯校：《全隋文補遺》，西安：三秦出版社，2004年，第180頁。

〔註106〕韓理洲輯校：《全隋文補遺》，西安：三秦出版社，2004年，第179頁。

〔註107〕吳鋼主編：《全唐文補遺》第四輯，西安：三秦出版社，1997年，第48頁。

〔註108〕《舊唐書》卷一三六《盧邁傳》。

字子川，范陽人。曾祖諱邁，皇中書侍郎平章事，贈太子太傅。祖諱紀，皇檢校尙書庫部郎中，知鹽鐵山陽院事。烈考諱延嗣，皇汝州葉縣尉。先妣夫人滎陽鄭氏。外王父諱孺立，故同州韓城縣令。府君於膺，實長兄也。」〔註109〕

　　盧循友、盧緒、盧起，盧慜之之後。盧起爲德宗朝宰相盧邁之從父弟，曾官至劍南西川判官。史載：「（盧）邁從父弟起，爲劍南西川判官，卒於成都，歸葬於洛陽，路由京師，邁奏請至城東哭於其柩，許之。」〔註110〕當時宰相「多自以爲崇重，三服之親，或不過從而弔臨」，而盧邁雖然位居宰輔，但「獨振薄俗，請臨弟喪」，被譽爲「士君子」。盧循友、盧緒補自隴西李賈撰《唐湖州長城縣尉李公亡夫人范陽盧氏墓誌銘並序》：「夫人盧氏，其先范陽人也。曾祖國朝河南府密縣尉，諱循友，友生緒，即王父也。顯考皇朝潤州司法參軍，諱起。夫人即潤州之第三女。有明德之德，淑懿之姿，婦言婦工，皆生而知之。年十六，適隴西李公就，姻族稱敬，閨門稱睦。」〔註111〕

　　根據以上考證，可以製作范陽盧氏二房盧義僖支系世系表如下：

〔註109〕胡戟、榮新江主編：《大唐西市博物館藏墓誌》三三五《李玄就夫人盧氏墓誌》，北京大學出版社，2012年版。

〔註110〕《舊唐書》卷一三六《盧邁傳》。

〔註111〕胡戟、榮新江主編：《大唐西市博物館藏墓誌》四七六《唐故鄉貢進士范陽盧府君墓誌銘並序》，北京大學出版社，2012年版。

表三〇：范陽盧氏二房盧義僖支世系表

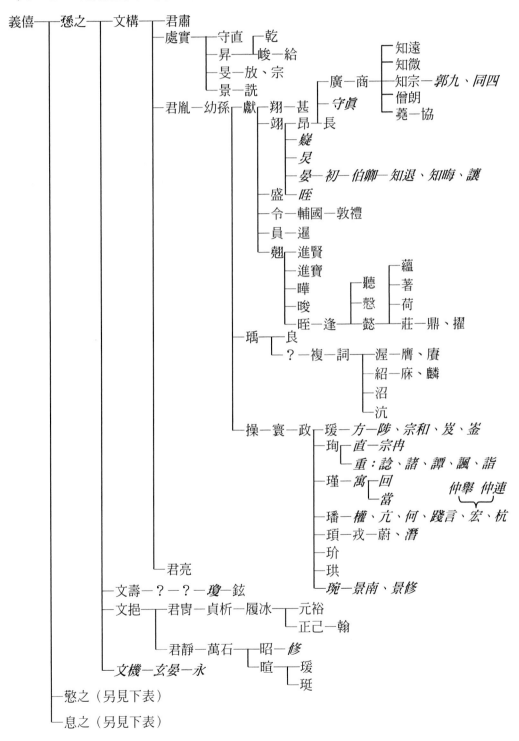

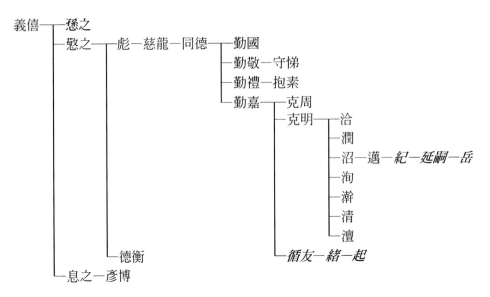

（二）盧義悰支系

據《魏書》記載：「義偁弟義悰，字叔預。司空行參軍、本州治中、散騎侍郎、司徒諮議參軍。」〔註112〕有一子曰孝章，儀同開府行參軍，早亡。該支系後世子孫史書中缺載，《新唐書・宰相世系表》亦缺載。

表三一：范陽盧氏二房盧義悰支世系表

義悰——孝章

（三）盧義敦支系

盧義敦，字季和。征北府默曹參軍。有二子，曰景開、景柔。盧景開，字子達。武定中，儀同開府屬〔註113〕。盧景柔，蘭陵太守、南州刺史。

盧昌容、盧廣、盧蕃皆爲盧景柔之後，補自《唐故越州剡縣尉盧府君（廣）夫人隴西李氏合祔墓誌銘並序》：「先君諱廣，字符表……五代祖海相，宣州涇縣令。祖彥恭，河南府伊闕縣令。曾祖昭度，伊闕縣尉，以賢良就徵，策試三等，拜監察御史。祖詢，太中大夫、右金吾衛長史、贈宋州刺史。列考昌容，博州司戶參軍。先君，司戶第三子……子蕃，進士及第，自祕書省正字調授左金吾衛騎曹參軍。」〔註114〕

〔註112〕《魏書》卷四七《盧玄附義悰傳》。
〔註113〕《魏書》卷四七《盧玄附義敦傳》。
〔註114〕吳鋼主編：《全唐文補遺》（千唐誌齋新藏專輯），西安：三秦出版社，2006年，第331頁。

　　盧詡、盧含父子，補自《唐故東平郡壽張縣令盧公（含）墓誌銘並序》：
「公諱含，字子章，范陽人也。……至於我曾王父彥恭府君，固安公，有隋
為西亳州刺史。我大父昭度府君，皇朝為監察御史。我皇考詡府君，朝散大
夫，皇朝為岐州中兵掾。……公即掾府君之第四子也。」〔註115〕

　　盧昭諒係盧彥恭之子，盧詳係盧昭諒之子、盧悅係盧詳之子。補自《大
唐故司農寺丞盧府君（悅）墓誌銘並序》：「府君諱悅，字子儒，范陽人也。……
曾祖彥恭，固安縣開國公，伊闕令，文以從政。祖昭諒，武德丞，禮以制俗。
父詳，襄城……」〔註116〕該誌中關於盧詳的職官部分漫渙嚴重，無法辨識。

　　根據以上考證，可以製作范陽盧氏二房盧義惇支世系表如下：

表三二：范陽盧氏二房盧義敦支世系表

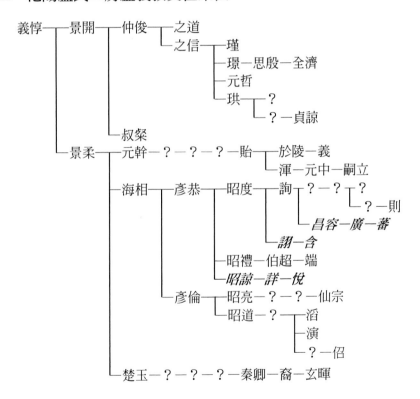

〔註115〕吳鋼主編：《全唐文補遺》第一輯，西安：三秦出版社，1994年，第182頁。
〔註116〕趙君平、趙文成編：《河洛墓刻拾零》上冊，北京圖書館出版社，2007年，
　　　　第300頁。

（四）盧義安支系

盧義安，字幼仁，不仕。史書中著墨極少。只有《新唐書·宰相世系表》記載其兩位後人，盧虛舟和盧褒。世系為：

表三三：范陽盧氏二房盧義安支世系表

義安——？——？——？——盧舟——褒

三、范陽盧氏第三房昶房世系補正

盧昶，字叔達，小字師顏。學涉經史，早有時譽。太和初，為太子中舍人、兼員外散騎常侍，曾出使南朝蕭昭業。景明初，除中書侍郎，遷給事黃門侍郎、本州大中正、散騎常侍，兼尚書。後拜太常卿，仍除安西將軍，雍州刺史。又進號鎮西將軍，加散騎常侍。熙平元年（516），卒於官。贈征北將軍、冀州刺史，諡曰穆。盧昶「寬和矜恕，善於綏撫」為時人所稱頌〔註117〕。

《魏書》卷四七《盧玄附昶傳》載盧昶有子曰元聿、元明、元緝，並云元明為元聿第五弟，而元明又有弟曰元緝，照此推算三房盧昶至少有六子。《新唐書·宰相世系表》載盧昶二子曰元隆、元德。因此目前可知三房盧昶有五子，分別是元聿、元隆、元德、元明、元緝。

（一）盧元聿支系

盧元聿，字仲訓，盧昶長子，史載「無他才能，尚高祖女義陽長公主，拜駙馬都尉。位太尉司馬、光祿大夫。卒，贈中書監」〔註118〕。有子曰士晟，僕同開府掾。該支系《新唐書·宰相世系表》缺載。

表三四：范陽盧氏三房盧元聿支世系表

盧元聿——盧士晟

（二）盧元隆支系

盧元隆本人在正史中罕見其蹤影，但該支系在唐代出了兩位宰相，分別是盧懷慎、盧杞。《新唐書·宰相世系表》記載其家族譜系為：

〔註117〕《魏書》卷四七《盧玄附昶傳》。
〔註118〕《魏書》卷四七《盧玄附元聿傳》。

表三五：范陽盧氏三房盧元隆支世系表

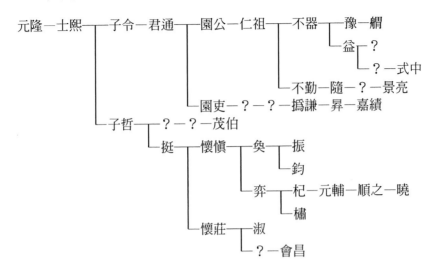

（三）盧元德支系

盧元德本人在正史中亦無事迹，《新唐書‧宰相世系表》記載其家族譜系為：

表三六：范陽盧氏三房盧元德支世系表

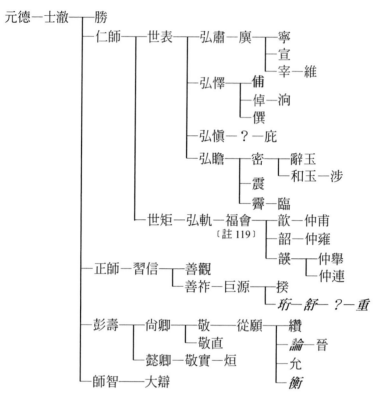

盧論、盧衡，皆為盧從願之子。《唐故（盧君妻）榮陽郡夫人鄭氏墓誌銘並序》：「夫人則故金紫光祿大夫、吏部尚書、□益州大都督、上柱國、固安縣開國公、諡曰文、范陽盧府君之夫人，姓鄭氏，諱□字□，號德權，則隋中書侍郎道念之五代孫，皇朝祠部郎中從簡之仲子也……有子四人：長曰纘，故王屋令。次曰論，比部郎。次曰允，陝司倉。曰衡，都水丞。」〔註120〕此誌並未明確盧君的名諱，但比對此誌與《新唐書·宰相世系表》所載盧君及其四子的世系及官職，可以確定此誌所言盧君是盧從願。盧論，《新唐書·宰相世系表》作「諭」，疑有訛誤，今以墓誌為準，予以更正。

〔註119〕岑仲勉：《郎官石柱題名新考訂》中《盧福會》條注：「《新唐書》七三上盧氏，福會，軍器監，玄宗相懷慎之後一代；又《芒洛遺文》續下貞元九年《故永州盧司馬夫人崔氏誌》云：「外祖度支郎中軍器監范陽盧諱福會」，夫人卒貞元九年，年六十九，以此推之，福會任度中當在天寶前，與《新唐書》表合。」

〔註120〕吳鋼主編：《全唐文補遺》第六輯，三秦出版社，1999年，第64頁。

盧珩、盧舒、盧重皆為盧巨源之後。補自《唐故范陽盧君（重）墓誌銘並序》：「唐故孝廉盧君諱重，字子威，其先涿郡范陽人也。高叔祖從願，皇朝吏部尚書、東都留守、西川採訪使。高祖巨源，皇朝朝散大夫、泉州司馬。曾祖珩，岳州昌江令。大父舒，太子校書。顯考，皇朝鳳州刺史。」〔註121〕

（四）盧元明支系

盧元明，字幼章，元聿第五弟。涉歷羣書，兼有文義，風采閒潤，進退可觀。北魏永安初，長兼尚書令、臨淮王彧欽愛之。及彧開府，引為兼屬，仍領部曲。孝武帝登阼，以郎任行禮，封城陽縣子，遷中書侍郎。永熙末，居洛東緱山，乃作《幽居賦》焉。北魏分裂後，入東魏政權。天平中，兼吏部郎中，副李諧使蕭衍，南人稱之。還，拜尚書右丞，轉散騎常侍，監起居。積年在史館，了不厝意。又兼黃門郎、本州大中正〔註122〕。史書中未載盧元明子嗣。《新唐書·宰相世系表》亦缺載。

（五）盧元緝支系

盧元緝，字幼緒。史載元緝「凶率好酒，曾於婦氏飲宴，小有不平，手刃其客。起家祕書郎，轉司徒祭酒。稍遷輔國將軍、司徒司馬，卒於官。贈散騎常侍、都督幽瀛二州諸軍事、驃騎大將軍、吏部尚書、幽州刺史，諡曰宣」〔註123〕。有一子曰士深，開府行參軍。該支系《新唐書·宰相世系表》亦缺載。

表三七：范陽盧氏三房盧元緝支世系表

盧元緝──士深

四、范陽盧氏第四房尚之房世系補正

盧尚之（462～524），字季儒，小字羨夏。以儒素見重。北魏太和中，拜議郎，轉趙郡王征東諮議參軍。母憂去官。後為太尉主簿、司徒屬、范陽太

〔註121〕吳鋼主編：《全唐文補遺》第九輯，三秦出版社，2007年，第416頁。該誌又見楊作龍，趙水森等編著：《洛陽新出土墓誌釋錄》，北京圖書館出版社，2004年，第312頁。

〔註122〕《魏書》卷四七《盧玄附元明傳》。

〔註123〕《魏書》卷四七《盧玄附元緝傳》。

守、章武內史、兼司徒右長史，加冠軍將軍，轉左長史。出爲前將軍、濟州刺史。入除光祿大夫。正光五年（524）卒，年六十二。贈散騎常侍、安東將軍、青州刺史。〔註124〕《魏書》載其有三子，曰文甫、文翼、文符。今據《盧濤墓誌》新補盧尚之六代孫知誨支系。

（一）盧文甫支系

盧文甫，字元祐。「少有器尚，涉歷文史，有譽於時。位司空參軍。年四十九卒。子敬舒，有文學，早亡」〔註125〕。《魏書》記載文甫有子曰敬舒，《新唐書·宰相世系表》記載文甫子曰敬通，官太常博士。因此文甫有二子。

盧茂禮爲敬通之曾孫，盧釗之父，盧綏爲盧之翰之子、盧綸之弟。補自《大唐故盧府君（綏）墓誌銘》：「唐元和五年三月廿四日，河中府寶鼎縣尉范陽盧府君終於邠州新平縣長樂里第，享年六十。府君前娶大理少卿王遂女，無子終。今夫人南陽張氏，右僕射獻甫女，哀護凶事。與子簡方、簡容、簡知、簡用，自女子六人，或提或抱，或哭或呱，歸葬於京兆府萬年縣鳳棲原。自先祖諱尚之，事魏至青州刺史。始分房第四，其家籍今爲著世，書以故不稱本系，不具傳繼可也。青州府君四世至馮翊韓城令諱羽客，以五言詩光融當時。生監察御史諱茂禮，監察府君生河中永樂令諱釗，永樂府君生濟州司馬諱祥玉，濟州府君生魏郡臨黃尉諱之翰，臨黃府君二子：長戶部郎中府君諱綸，纘韓城君詩業，尤有顯名；次寶鼎府君諱綏，始以邠州節度辟試太子通事舍人，居無何，罷去，吏部補寶鼎尉。」〔註126〕此誌記載了七代世系，頗爲清晰。另有盧之翰的墓誌記載了四代世系，《唐故魏州臨黃縣尉范陽盧府君（之翰）玄堂記》：「府君諱之翰，范陽人也。於維我洪宗，系自於齊，厥後因地受氏，遂爲著姓。……曾祖，監察御史府君諱旭。王父，蒲州永樂縣令府君諱釗。皇考，濟州司馬府君諱祥玉。……嗣子檢校刑部員外郎兼侍御史綸、太子通事舍人綏等……」〔註127〕該誌與上誌所載世系基本相同，但載盧釗的之父爲盧旭，兩誌所載盧茂禮和盧旭的官職皆爲監察御史，且其他世系均相同，故推測盧茂禮與盧旭爲同一人。

盧弘本、盧簡知、盧簡悔、盧簡莘四子據墓誌載是盧綏次妻南陽張氏所

〔註124〕《魏書》卷四七《盧玄附尚之傳》。
〔註125〕《魏書》卷四七《盧玄附文甫傳》。
〔註126〕吳鋼主編：《全唐文補遺》第三輯，三秦出版社，1996年，第155頁。
〔註127〕吳鋼主編：《全唐文補遺》第七輯，三秦出版社，1999年，第69頁。

生，補自《唐故河中府寶鼎縣尉盧府君（綏）南陽張夫人墓誌銘並序》：「夫人南陽之令族。……長子弘本，前右衛兵曹參軍。次簡知，次簡悔，次簡莘。」〔註128〕

　　盧文亮、盧文紀兄弟皆爲盧知猷之子。補自《唐故羅林軍□銀青光祿大夫行尙書兵部侍郎知制誥上柱國范陽縣開國□食邑三百戶盧公（文亮）權厝記並序》：「公諱文亮，字子澄，范陽涿人也。……公乃北祖第四房□□。曾祖諱□，皇任河中朔方副元帥參謀、檢校戶部郎中、累贈□□□。烈祖諱簡能，皇任駕部員外郎、累贈司徒。顯考諱知猷，皇任檢校司空、□□□□□、累贈太師。公即太師第二子也。……公兩娶清河崔氏，……無子，悲哉痛哉！公令弟文紀，守尙書兵部侍郎。」〔註129〕

　　盧處行爲盧綸之子，盧令節爲盧處行之子。補自《大周并州司功王公故夫人盧氏墓誌銘並序》：「夫人盧氏，諱□字□，范陽人也。其先伯夷佐夏，乃有呂國，太公滅殷，遂履齊土，有公子高溪者，稱賢大夫，食采盧邑，蓋因封以得姓。……曾祖綸，祖處行，父令節。或官人惟賢，或匪爵而重。」〔註130〕

　　根據以上考證，列盧文甫支世系如下：

〔註128〕吳鋼主編：《全唐文補遺》第三輯，三秦出版社，1996年，第209頁。
〔註129〕吳鋼主編：《全唐文補遺》第七輯，三秦出版社，1999年，第169頁。
〔註130〕周紹良主編、趙超副主編：《唐代墓誌彙編》長安048，上海古籍出版社，1992年11月版，第1025頁。又見吳鋼主編：《全唐文補遺》第五輯，三秦出版社，1998年5月，第271頁。

表三八：范陽盧氏四房盧文甫支世系表

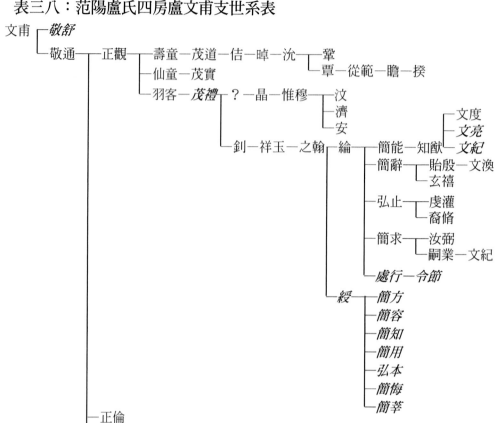

（二）盧文翼支系

　　盧文翼，字仲祐。史載文翼「少甚輕躁，晚頗改節。爲員外郎，因歸鄉里。永安中，爲都督，守范陽三城，拒賊帥韓婁有功，賜爵范陽子。永熙中，除右將軍、太中大夫。棲遲桑井而卒，年六十」〔註131〕。《魏書》載文翼有子曰盧士偉，入仕東魏政權，東魏興和中，官至中散大夫。《新唐書·宰相世系表》載文翼三子，分別是士偉、士朗、士嬰。據《盧萬春墓誌》補文翼另一子曰士昂。考證如下：

　　盧士昂，盧文翼之子，齊廣平郡守。盧萬春爲盧義幹之子，盧子野爲盧義幹之孫。補自《隋故東宮左親侍盧君（萬春）墓誌銘》：「君諱萬春，范陽

〔註131〕《魏書》卷四七《盧玄附文翼傳》。

涿人也。……曾祖文翼，魏員外散騎侍郎、太中大夫。……祖士昂，齊廣平郡守。……父義幹，永寧縣令……夫人崔氏，清河武城人……嗣子子野……」〔註132〕此誌記載的世系爲：文翼——士昂——義幹——萬春——子野。而《新唐書·宰相世系表》謂盧義幹爲盧士偉之子，兩者都載盧義幹爲永寧縣令，應爲同一人，疑《新唐書·宰相世系表》此處缺載盧士昂，而將義幹一支誤列入盧士偉的後代。今據墓誌將其更正。

盧守默，爲盧河童之父。盧堪，盧喦之嗣子。補自《大唐故鄧州穰縣丞盧府君（喦）墓誌銘並序》：「公諱喦，字□□，其先范陽涿人也……自北中郎植，至民部尙書尙之，貴位不絕，公即民部之八世孫也。祖守默，皇亳州山荄令。父河童，徐州豐縣令。……嗣子堪。」〔註133〕《新唐書·宰相世系表》謂河童之父爲審經，據盧喦墓誌，河童之父爲守默，而且誌文言盧喦爲「民部（即盧尙之）之八世孫」，可知《新唐書·宰相世系表》所載有缺，所缺恰爲守默。另有盧喦與夫人合祔墓誌爲旁證，《唐故太子司議郎兼河中府倉曹參軍鄧州穰縣丞范陽盧府君（喦）夫人博陵崔氏合祔墓誌銘並序》：「府君諱喦，字□山，范陽涿人也。自遠祖徙居洛陽，因家焉。祖守默，皇亳州山荄縣令。父河童，徐州豐縣令。」該誌落款爲「嗣子承奉郎前上都太廟齋郎堪撰。」〔註134〕

盧鎮，盧仲臻之子，補自《和州烏江縣令敦煌張公（澹）故夫人范陽盧氏墓誌銘並序》：「夫人其先范陽人也，北祖四室之令女。華望清貫，顯崇當代，果不能備書焉。即皇唐司農寺丞審忠之曾孫，懷州修武縣令仲臻之愛孫，太子左贊善大夫、賜緋魚袋鎮之長女。」〔註135〕

據以上考證，列文翼支系世系表如下：

〔註132〕吳鋼主編：《全唐文補遺》第四輯，三秦出版社，1997年，第344頁。

〔註133〕趙君平、趙文成編：《河洛墓刻拾零》下冊，北京圖書館出版社，2007年，第439頁。

〔註134〕趙君平、趙文成編：《河洛墓刻拾零》下冊，北京圖書館出版社，2007年，第469頁。

〔註135〕吳鋼主編：《全唐文補遺》（千唐誌齋新藏專輯），三秦出版社，2006年，第369頁。

表三九：范陽盧氏四房盧文翼支世系表

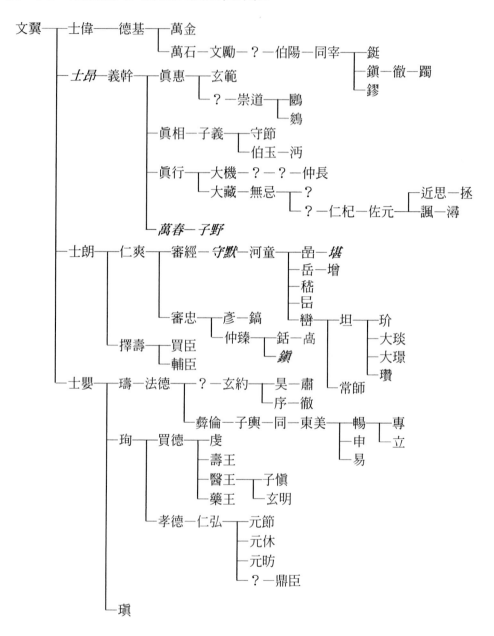

（三）盧文符支系

盧文符（489～529），字叔僖，「性通率。位員外郎、羽林監、尚書主客

郎中，遷通直散騎侍郎。永安中（529）卒，年四十」〔註136〕。文符有子曰潛，仕於東魏北齊政權，東魏武定中，齊文襄王中外府中兵參軍。北齊天保中，除左戶郎中。北齊武平三年（572），徵爲五兵尚書。死後贈開府儀同三司、尚書左僕射、兗州刺史。《北齊書》載文符「無子，以弟士邃子元孝嗣」，「士邃字子淹，少爲崔昂所知……位尚書左右丞、吏部郎中、中山太守帶定州長史。齊亡後，卒」〔註137〕。《新唐書‧宰相世系表》載文符另一子恰就是士邃。因此盧文符支系世系爲：

表四〇：范陽盧氏四房盧文符支世系表

$$\text{盧文符}\begin{cases}\text{潛}\text{——元孝}\\\text{士邃}\text{——正力}\end{cases}$$

（四）盧知誨支系

　　盧知誨是盧尚之的六代孫，鹽山縣尉。該支系《新唐書‧宰相世系表》缺載，今據其子盧濤之墓誌增補。《唐太原府司錄先府君墓誌銘並序》：「府君盧姓，其先姜氏，范陽人焉。七代祖後魏司徒敬侯尚之之裔，鹽山縣尉知誨之子。諱濤，字混成，年十九，明經擢第，常調補安德縣尉，佐幕遷左監門錄事參軍，轉西華縣令太原府司錄，咸以抱德經物，不言而治……長子楹，不幸短命，無祿而終，哀哉！次子杞，前大理評事；栝，前杭州餘杭尉；札，前潤州丹陽尉；楨、槇、構等，不夭在疢，泣血存禮……夫人滎陽鄭氏，易州司馬曤之女也。」〔註138〕此處盧濤第二子盧杞與三房宰相盧杞非同一人，盧濤子杞撰此墓誌時署名「遺孤第二子前大理評事杞」。該誌雖然明確記載盧知誨及其後人爲尚之後裔，但並不能斷定其爲文甫、文翼、文符哪一支系之後抑或其他支系之後，故此暫單列一支。世系如下：

〔註136〕《魏書》卷四七《盧玄附文符傳》。《北史》卷三〇《盧玄附文符傳》作文符字爲「叔偉」。

〔註137〕《北史》卷三〇《盧玄附文符傳》。

〔註138〕周紹良主編、趙超副主編：《唐代墓誌彙編》大曆050，上海古籍出版社，1992年，第1792頁。該誌又見趙君平、趙文成編：《河洛墓刻拾零》下冊，北京圖書館出版社，2007年，第442頁。

表四一：范陽盧氏四房盧知誨支世系表

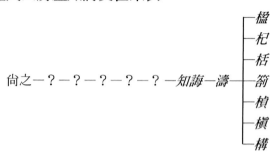

五、房支不明支系新補

（一）《新唐書·宰相世系表》所載房支不明支系

（1）盧損支世系表（表四二）

損──求──攜──晏

（2）盧質支世系表（表四三）

質─晝──光濟
　　　└光啓

（二）新補房支不明支系

（1）盧嵩一支

《唐前揚州海陵縣令劉尙賓夫人范陽盧氏誌銘》：「夫人范陽盧氏，北祖大房。曾祖嵩，陽武令。祖察，丹□尉。父逹，殿中侍御史內供奉、賜緋魚袋、知河中度支院。外族潁川陳氏，故淮南節度使、檢校司徒同中書門下平章事，贈太尉少□，夫人外祖也。夫人殿中之次女，陳夫人之長女。」〔註139〕而該誌的撰者爲盧澗，「范陽人。淮南節度使檢校司徒同中書門下平章事陳少游之外孫。大和五年八月曾爲其姊前揚州海陵縣令劉尙賓妻盧氏撰誌。」〔註140〕由此可知盧澗與劉尙賓夫人盧氏爲姊弟關係，其父親都是盧逹，母親爲潁川陳氏陳少游之女。據此誌可補盧嵩一支的世系爲：

表四四：盧嵩一支世系表

嵩──察──逹──澗

〔註139〕吳鋼主編：《全唐文補遺》第一輯，西安：三秦出版社，1994 年，第 299 頁。
〔註140〕吳鋼主編：《全唐文補遺》第一輯，西安：三秦出版社，1994 年，第 299 頁。

（2）盧宏一支

《唐故汴州雍丘縣尉清河崔府君（樅）夫人范陽盧氏合祔墓誌銘兼序》：「夫人盧姓，范陽涿人也。……自東漢侍中植而降，名傳於國史者凡十代。侍中之五世孫曰偃，曰勖。後代以所居南北分稱。而偃□北□續其□□昏□風範尤爲修顯。即夫人十二代祖也。盧氏與崔王等五姓聯於天下。而夫人之家，又一宗之冠焉。故論道德辨族氏者，必以爲稱首。曾大父□□，皇大理司直。大父宏，絳州曲沃丞。咸有休德，皆屈下位。烈考專，□□二州刺史。文學政事，動可師法。夫人即夔州之次女。」〔註141〕據此誌補盧宏一支世系爲：

表四五：盧宏一支世系表

□□──宏──專

（3）盧緘一支

《有唐盧氏（緘）故崔夫人墓銘並序》：「亡室夫人，其先受封清河。官婚門範，爲中夏甲姓。……選求配偶，志傾中外。時（盧）緘眇末幽陋，樹立無涯，相國眷深外屬，許以姻好。……後數歲，緘登進士第，補官麟閣，佐戎商州防禦使，授涇陽尉，爲版圖巡職，奏許昌荊南記室從事官，轉協律評事，再爲使銜御史。升朝，拜殿中侍御史，轉侍御史尚書都官外郎。……生男子三，今其存者一。女子子一。男曰鈒，及冠未仕。女曰荃，許嫁未行。」〔註142〕此誌顯示出盧緘、盧鈒父子的世系，但此二人屬於哪一房支，尚不能確定，暫時單列。

表四六：盧緘一支世系表

緘──鈒

（4）盧衍一支

《唐故范陽盧氏夫人墓誌銘並序》：「夫人盧氏，其先范陽人也。始自春秋，降由近代，族望彰烈，家諜不絕。曾祖衍，亳州穀熟丞。祖頊，太常寺奉禮。父傳素，京兆府法曹。皆以名檢禮節，稱之鄉黨。法曹公奉親有誠孝，修身有密行，文學高博，識用精利，而道不世合，堙沉下僚。故當時君子，

〔註141〕吳鋼主編：《全唐文補遺》第一輯，西安：三秦出版社，1994年，第356頁。
〔註142〕吳鋼主編：《全唐文補遺》第一輯，西安：三秦出版社，1994年，第369頁。

常所稱歎。先夫人常山張氏，實科名聯耀顯儒之族。夫人即法曹公第三女也。……夫人姊妹數人，皆柔儀懿範，閨闈之秀。親兄汪，舉進士。籍籍名場，尤工篇什。每成章發詠，清音泉引。弟曰渾，謹良修飾，伏習詩禮。」〔註143〕此誌記載了四代五人的世系，但房支不可考，故單列。

表四七：盧衍一支世系表

衍──頊──傳素──汪、渾

（5）盧毅一支

《故朝散大夫行鄆州司馬盧府君（思莊）墓誌銘並序》：「公諱思莊，范陽人也。曾祖毅，隋兗州都督肥如恭侯。祖大質，皇朝朝散大夫、始州司馬、懷源侯。父知玄，殿中侍御史、襲淮源侯。……以開元十三年十二月廿二日，卒於洛陽景行里之私第，春秋七十有二。夫人博陵崔氏，故房州刺史敬嗣之女也。……公長女即膳部員外郎楊恕之妻也。」〔註144〕此誌記載了盧思莊四代世系，房支不可考，單列。

表四八：盧毅一支世系表

毅──大質──知玄──思莊

（6）盧楚王一支

盧楚王，在隋代曾官至荊州司戶參軍。《大唐故中書侍郎贈衛尉卿河內司馬府君妻范陽郡君盧氏墓誌銘並序》：「夫人諱某，字某，范陽人也。……曾祖楚王，隋荊州司戶參軍。祖仁周，皇鄂州蒲蘄令。……父愼盈，汴州尉氏令、太子文學。」〔註145〕此誌明楚王三代世系，房支無可考，單列。

表四九：盧楚王一支世系表

楚王──仁周──愼盈

〔註143〕吳鋼主編：《全唐文補遺》第一輯，西安：三秦出版社，1994年，第418頁。

〔註144〕吳鋼主編：《全唐文補遺》第二輯，三秦出版社，1995年，第474頁。又見周紹良主編、趙超副主編：《唐代墓誌彙編》開元262，上海古籍出版社，1992年11月版，第1336頁。

〔註145〕吳鋼主編：《全唐文補遺》第二輯，西安：三秦出版社，1995年，第453頁。又見周紹良主編、趙超副主編：《唐代墓誌彙編》開元165，上海古籍出版社，1992年11月版，第1270頁。

（7）盧寶惠一支

《唐故相州臨漳縣令范陽盧府君（曒）墓誌銘並序》：「昔者太公望夾輔周室，建封營丘。胤齊之姜，別爲盧氏。遂荒東土，克家北燕。有神仙焉，有儒術焉。禮樂軒裳，緯繣圖諜，可略而言矣。公諱曒，字眺，涿郡范陽人也。曾祖寶惠，隋資州資陽縣丞。祖正論，隋德州平昌縣令。烈考澄，許州襄城縣主簿。……公則襄城府君之子也。……有子五人，幼服詩禮，充窮苫塊。」〔註146〕此誌列寶惠四代世系，房支不可考，但根據年代和該支系名號推測，疑寶惠爲大房道虔一支昌衡之子，惜未看到有說服力的證據。

表五○：盧寶惠一支世系表

寶惠──正論──澄──曒

（8）盧愷一支

這一支屬於北朝時期盧溥支系的後代。盧愷，字長仁，《隋書》有傳。盧愷跟隨其父盧柔由西魏北周入隋，「大象元年，徵拜東京吏部大夫。開皇初，加上儀同三司，除尚書吏部侍郎，進爵爲侯，仍攝尚書左丞。……歲餘，拜禮部尚書，攝吏部尚書事。……子義恭嗣」〔註147〕。

盧玄成、盧元懿、盧謙三代補自《大周前益州什邡蕭主簿夫人盧氏（婉）墓誌銘並序》：「夫人諱婉，字妹妹，范陽人也。先王建號，帝列山之子孫，有齊是宅，太公望之苗裔。自乎敖君得姓，長驅日月之光；中郎挺生，高步雲霄之氣。自茲以降，冠蓋相傾，爲海內之名家，盛寰中之大族。高祖愷，後魏民部尚書。曾祖玄成，隋宋州別駕。祖元懿，唐雍州渭南縣尉。……父謙，唐蘇州司倉參軍、梁州南鄭縣丞。……夫人即公之長女也。」〔註148〕

盧元哲，爲盧元懿之子。補自杜甫所撰《唐故范陽太君盧氏墓誌》〔註149〕：「五代祖柔，隋吏部尚書容城侯。大父元懿，是渭南尉。父元哲，是盧州慎縣丞。維天寶三載五月五日，故修文館學士、著作郎、京兆杜府君諱某之繼室范陽縣太君盧氏，卒於陳留郡之私第，春秋六十有九。」據此誌，盧氏夫人五代祖爲盧柔，大夫盧元懿，剛好與盧愷這一支系銜接。

〔註146〕吳鋼主編：《全唐文補遺》第二輯，西安：三秦出版社，1995年，第515頁。
〔註147〕《隋書》卷五六《盧愷傳》。
〔註148〕吳鋼主編：《全唐文補遺》第七輯，西安：三秦出版社，1999年，第18頁。
〔註149〕《唐故范陽太君盧氏墓誌》，載杜甫《杜工部集》卷二○，遼寧教育出版社，1997年，第414頁。

　　盧少儒、盧初慶等補自《唐故河南府伊闕縣丞盧公（甫）墓誌銘並序》：「公諱甫，字甫，其先食菜於盧，因以氏焉，則今之范陽也。自我太公國齊，以至於我五代祖兵、禮、吏尙書容城侯愷，代有其傳，故不書也。尙書生工部侍郎義恭，生衛州刺史少儒，生朝散大夫、晉州司士初慶，生宋州碭山丞滉，生公。……有子一人曰穆，孝過於禮，□荷紹先。」〔註150〕

　　盧貞慶，爲盧少儒之子。《大唐正議大夫使持節仙州諸軍事守仙州刺史上柱國司馬公故夫人范陽郡君盧氏墓誌銘並序》：「夫人諱□，范陽人也……曾祖義恭，皇朝工部侍郎，邦土是司，飾材居要。祖少儒，皇雍州司馬，元佐之選，髦士攸宜。父貞慶，皇虞部員外郎，通籍瑣闈，薰衣粉署。」〔註151〕

　　盧子騫和盧慧，補自正史盧慧本傳，載：「盧慧，幽州范陽人也，貞觀中工部侍郎義恭玄孫也。父子騫，潁王府諮議參軍，以慧贈祕書少監。慧少以門蔭入仕在職以幹局稱。累授闐州錄事參軍、監察殿中御史、侍御史、金州刺史。宰相楊炎遇之頗厚，召入左司郎中、京兆少尹，遷大尹。慧無術學，善事權要，爲政苛躁。盧杞甚惡之，諷有司彈奏，坐貶撫州司馬同正，改饒州刺史，遷福州刺史、福建觀察使。貞元二年七月，以疾終。」盧慧是工部侍郎義恭的玄孫，門蔭入仕，曾知遇於德宗朝宰相楊炎，後早盧杞所排擠。貞元二年（786年）去世。〔註152〕

　　盧義丘、盧習訓、盧友度、盧逖詹四人補自盧友度的墓誌。《唐故司農主簿范陽盧府君（友度）墓誌銘並序》：「公諱友度，字友度，范陽人也。太公封齊，尙書匡魏。世爲門子，啓迪前人。公隋吏部尙書凱之曾孫，千牛備身義丘之孫，亳州鍾離縣丞習訓之仲子……嘗爲從叔吏部尙書從願所器……嗣子逖詹等……」〔註153〕此誌記載世系五代清晰，然載盧友度曾祖爲「盧凱」，而《隋書》卷五六《盧愷傳》以及上面兩方墓誌中均作「盧愷」，兩人官職、年代皆同，名字稍異，蓋因兩字音近形似之訛也。誌文言及友度從叔爲吏部尙書盧從願，可知該支系屬於范陽盧氏三房盧昶的後代。

　　據以上考證，列盧愷世系表如下：

〔註150〕吳鋼主編：《全唐文補遺》第七輯，西安：三秦出版社，1999年，第73頁。該誌又見周紹良、趙超主編：《唐代墓誌彙編續集》貞元066，上海古籍出版社，2001年版，第782頁。

〔註151〕吳鋼主編：《全唐文補遺》第六輯，西安：三秦出版社，1999年，第402頁。

〔註152〕《舊唐書》卷一二六《盧慧傳》。

〔註153〕吳鋼主編：《全唐文補遺》第四輯，西安：三秦出版社，1997年，第36頁。

表五一：盧愷一支世系表

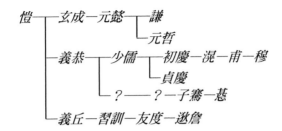

（9）盧良金一支

　　該支屬南祖大房後代，補自《唐故揚州揚子縣主簿范陽盧公（耜）墓誌銘並序》：「公諱耜，范陽人，南祖大房。高祖刑部郎中。曾祖衢□刺史、禮部郎中。祖良金，朝散大夫、潞州錄事參軍、賜緋魚袋。父軫，朝散大夫、絳州別駕、上柱國、賜緋魚袋。公即題輿之胄緒也。……弟長卿，前硤州夷陵縣令。弟齊卿，前河南府密縣尉。弟章，以文行孤介，不俟俗競。……有庶嗣曰胡郎，女二人。長以求聘之賢，禮力未就。次女適滎陽鄭展夫，亦公之意焉。」〔註154〕據此誌，列盧良金一支世系如下：

表五二：盧良金一支世系表

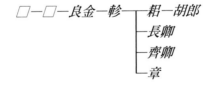

（10）盧約一支

　　該支由墓誌補出兩代三人，房支不明。補自《唐故太子司議郎分司東都范陽盧府公（約）夫人清河崔氏祔葬墓誌銘並序》：「有唐大中景子歲建己月廿一日，太子司議郎、分司東都范陽盧府公諱約構疾，歸全於東都依仁里之私第，享年六十。……外甥太原王凝，已書德業官序於前誌詳之矣。夫人清河人也。……夫人有兩女皆早□。二子嶠、岫，各讀書爲善，力務追修。」〔註155〕據此誌，列盧約一支世系表如下：

〔註154〕吳鋼主編：《全唐文補遺》第七輯，西安：三秦出版社，1999年，第139頁。
〔註155〕吳鋼主編：《全唐文補遺》第七輯，西安：三秦出版社，1999年，第142～143頁。

表五三：盧約一支世系表

約┬嶠
　└岫

（11）盧履悌一支

該支系稽考出四代成員，房支不清。補自《有唐故河中府參軍范陽盧公（岑）改葬墓誌銘並序》：「范陽盧公諱岑，字濟，涿郡人也。曾祖履悌，皇任岐州岐陽縣令。祖漸，皇贈右散騎常侍，父頌，皇任昭應縣令。外祖博陵崔延方……夫人博陵崔氏……」〔註156〕盧岑無嗣，有一女，適陝州硤石縣令博陵崔實。三代連續與博陵崔氏通婚，可見該支系與博陵崔氏關係密切。該誌的撰者盧翱自稱是墓主人盧岑之第八房姪、孤子。據此，列盧履悌一支世系如下：

表五四：盧履悌一支世系表

履悌──漸──頌──岑

（12）盧景唐一支

景唐、景□、景嗣、景思為兄弟四人，其父名諱不知。補自《大唐范陽盧公故夫人天水郡趙氏墓誌銘並序》：「夫人之先，天水人也……皇考諱衢，字玄禮，攝薊州玉田縣尉……有子四人。孟曰景唐……仲曰景□，前節度驅使官……季曰景嗣……次曰景思……」〔註157〕該誌只記載了天水趙氏的家世，未載其夫君范陽盧氏的世系，因此我們只能知曉兄弟四人外祖趙衢，而不知其父為誰。

表五五：盧景唐一支世系表

景唐、景□、景嗣、景思

（13）盧允載一支

盧允載，瀛洲平舒令、賜緋魚袋。《唐信州玉山縣令范陽盧府君（公則）

〔註156〕吳鋼主編：《全唐文補遺》第三輯，三秦出版社，1996年，第205頁。該誌又見周紹良、趙超主編：《唐代墓誌彙編續集》開成011，上海古籍出版社，2001年版，第930～931頁。

〔註157〕吳鋼主編：《全唐文補遺》第三輯，三秦出版社，1996年，第292頁。

墓誌銘並序》：「府君范陽人也，諱公則，字子眞。曾祖允載，瀛洲平舒令、賜緋魚袋。祖休彩，舒州司馬、賜緋魚袋。父清，吉州太和令、賜緋魚袋。……君前夫人太原王氏……有子男一人曰肱。」〔註158〕此誌記載了五代世系，房支亦難以斷定，故單列。

表五六：盧允載一支世系表

允載──休彩──清──公則──肱

（14）盧抱璧一支

該支系出於南祖大房，補自《唐故范陽盧府君（公弼）墓誌銘並序》：「府君姓盧氏，諱公弼，字子成，其先范陽人也。南祖大房，自姬姜得姓，逮於府君，世爲之盛族。傳芳積善，嗣守謨猷。輝映士林，儀形令望。王父皇朝散大夫、尉氏縣令府君諱抱璧，生大父皇大理評事府君諱蘭金，生烈考皇朝散大夫、朗州別駕府君諱汶。太夫人博陵崔氏，即皇朝散大夫、江陵府公安令之女。府君即別駕第二子。長兄公餘……有子三人：長曰老成；次曰通，前六合尉；次曰荷。」〔註159〕

表五七：盧抱璧一支世系表

（15）盧長諧一支

該支系四代有七人名諱可考，然房支尚不能確定。補自《大唐故眉州通儀縣尉上護軍賞緋魚袋范陽盧府君（滿）墓誌□男道屍柩同殯》：「君諱滿，字季瑾，范陽涿人也，因官家於河南。曾祖諧，隋懷州司□、鄆州壽張縣令、朝散大夫。父延慶，唐歸□州司倉。」〔註160〕此誌漫泐嚴重，無法提取更多的信息。

〔註158〕吳鋼主編：《全唐文補遺》第四輯，三秦出版社，1997年，第218頁。
〔註159〕吳鋼主編：《全唐文補遺》第四輯，三秦出版社，1997年，第237頁。又見周紹良主編、趙超副主編：《唐代墓誌彙編》咸通058，上海古籍出版社，1992年11月版，第2423～2424頁。
〔註160〕吳鋼主編：《全唐文補遺》第六輯，三秦出版社，1999年，第430頁。

但另外一方墓誌補充了此誌所脫漏的信息，《唐故宣德郎洛州陽翟縣尉盧府君夫人滎陽鄭氏墓誌銘並序》：「公諱仲璠，字伯琰，范陽涿□人也。……曾祖長諧，隋懷州司兵；祖巨威，鄆州壽張令；父延祚，宣州涇縣令。府君即涇縣令之次子也。明經擢第，□逸超群……夫人滎陽鄭氏，散騎常侍子仁之曾孫，□□司勳郎中、長安縣令之孫女，父行恂，寧州□綏縣令之長女……嗣子欽，南郡西平縣尉。」〔註161〕

比較兩方墓誌銘文，世系相當，年代相近，盧諧和盧長諧的官職相同，當為同一人，而前誌中為官鄆州壽張縣令者名諱漫漶不清，後者為官鄆州壽張縣令者盧巨威名諱清晰可辨。兩誌互補，可得出該支七人的世系。

表五八：盧長諧一支世系表

（16）盧子亮一支

該支系出自范陽盧氏北祖，具體房支不知。補自《唐故大理評事賜緋魚袋范陽盧府君（偶）墓誌》：「府君諱偶，字偶，望高舊燕，族分北祖。曾王父子亮，皇朝任永寧縣丞。王父齊物，皇朝任婺州東陽縣主簿。烈考滔，皇朝任壽州安豐縣丞……有子二人：長曰泰，幼曰嵩。」〔註162〕據此列盧子亮一支世系表如下：

表五九：盧子亮一支世系表

（17）盧令德一支

該支補自《唐故盧府君（榮）墓誌銘並序》：「君諱榮，望本幽州范陽郡……

〔註161〕見周紹良、趙超主編：《唐代墓誌彙編續集》天寶 064，上海古籍出版社，2001年版，第627～628頁。此誌和《全唐文補遺》第六輯第440頁《唐故宣德郎洛州陽翟縣尉盧府君（仲璠）夫人滎陽鄭氏墓誌銘並序》屬於同一方墓誌，但抄錄時有錄文差異，茲所引用綜合了兩者的信息。

〔註162〕吳鋼主編：《全唐文補遺》第六輯，三秦出版社，1999年，第138頁。

祖□□□名令德，無憑可書。翁諱希，高道不仕，節義共推。文武允誠，孝□惟美。進退有度，動靜合儀。怡厥遠彰，可爲子孫之高範也。府君有□□忠信，□己從人。怡然養神，縱心樂道。於咸通四年三月九日□然即逝。嗟呼！天命不祐，誠可悲也。享齡八十。……育子三：孟曰公政，仲曰公誼，季曰公佐。」〔註163〕此誌結尾署名爲「孫男福合、福受、敢郎、十五」，應該是盧榮的孫子。據此列盧令德一支世系表如下：

表六〇：盧令德一支世系表

令德—希—榮——公政
　　　　　　├公誼
　　　　　　└公佐

（18）盧不記一支

該支系正史皆缺載，補自《大唐故范陽盧氏君（榮）夫人劉氏墓誌銘並序》，誌文曰：「君名榮，以名爲字，是晉安君後。因依逐祿於信陽遺邑之東北廿里別業，今爲魏人也。祖諱不記。考諱昇朝，夫人紹氏。□榮儉謹修身，□孝爲德。道高不仕，探討儒墨。君春秋六十有一，而終私□。夫人淑令天姿，姬姜比德。誠女有曹氏之風，訓子有擇鄰之則。……夫人享年卅有九，而終寢室。夫人有子四人：長曰懷祐，次曰懷慶，次懷玷，小曰懷。」〔註164〕該支系之盧榮與上文盧令德支系之盧榮雖然同名同姓，卻並非一人，從父祖世系及年齡可以辨別。此處單列一支。

表六一：盧不記一支世系表

不記—昇朝—榮——懷祐
　　　　　　├懷慶
　　　　　　├懷玷
　　　　　　└懷

（19）盧瞻一支

盧瞻在隋朝任職，此支系四代應該生活在唐朝初年。房支尚不能確定。補自《唐故舒州太湖縣丞盧府君（懷俊）墓誌銘》：「君諱懷俊，范陽著姓，

〔註163〕吳鋼主編：《全唐文補遺》第六輯，三秦出版社，1999年，第489頁。
〔註164〕吳鋼主編：《全唐文補遺》第四輯，三秦出版社，1997年5月，第510頁。

因官今爲范陽人焉。曾祖贍，隋荊州總管府長史；祖文儹，唐陳州刺史；父爭臣，唐曹州司馬。太后朝，虢州盧氏縣主簿，遷蒲州桑泉縣尉、洛州偃師縣尉、左降舒州太湖縣丞……夫人河東薛氏，父元簡。有子一人。」〔註165〕

表六二：盧贍一支世系表

贍──文儹──爭臣──懷俊

（20）盧公慧一支

該支五人，房支不清，補自《故汾州靈石縣令盧府君墓誌銘》：「公諱嗣冶，字嗣冶，幽州范陽人。其先神交□姻，誕流□胤，二漢大魏，兩晉北齊，受赤鳥而稱侯，傳珠袍而有貴，□史實錄，世無不書，皆可得而詳矣。曾祖諱公慧，河南長水縣丞；大父諱崇業，沁州和川縣丞；克明贊理，人□來蘇，政寮姦回，汾澮流惡。烈考諱全眞，杭州餘杭縣□；森然大廈之材，名彼構堂之業。公即餘杭府君之次子也……嗣子諗……」〔註166〕據此列盧公慧一支世系如下：

表六三：盧公慧一支世系表

公慧──崇業──全眞──嗣冶──諗

（21）盧公立一支

盧公立一支，補自《（上沇）盧府君（璲）夫人竇氏墓誌銘並序》：「尊府君諱璲，字克莊，其先范陽人也。曾祖諱公立，隋豫章郡□□主簿，清明其心，博大其量。祖元□，□□士及第，穎晤神授，□俊天資。考唐□衛長上。河嶽降□，□□□□，深謀遠略，動□□時。有子三人，金玉其璞，膝下□訓。□□□□□之有成，可恤其□。仲□□朝議郎、行河間郡□□縣令、賜紫金魚袋，克孝寧親，竭忠事主。文才可以經天地，武略可以□□□。伯子□□□少用□，雖有文武，不事王侯。藏美玉於崑山，□時莫見其寶矣。」〔註167〕該誌漫泐嚴重，盧公立子孫兩代的名諱無法辨認。

〔註165〕吳鋼主編：《全唐文補遺》第六輯，三秦出版社，1999 年，第 412 頁。該誌又見周紹良、趙超主編：《唐代墓誌彙編續集》開元 091，上海古籍出版社，2001 年版，第 516 頁。

〔註166〕周紹良、趙超主編：《唐代墓誌彙編續集》聖武 005，上海古籍出版社，2001 年版，第 668～669 頁。此誌與《全唐文補遺》第六輯第 446 頁《□□州靈石縣令盧府君（嗣冶）墓誌銘並序》屬同一方墓誌，引用時互有參照。

〔註167〕吳鋼主編：《全唐文補遺》第六輯，三秦出版社，1999 年，第 92 頁。

表六四：盧公立一支世系表

公立──元□──唐□──鑿

（22）盧去惑

盧去惑，補自《唐故宣威將軍守左金吾衛大將軍員外置同正員兼試殿中監上柱國賜紫金魚袋蘇府君（恩）夫人范陽盧氏墓誌銘並序》：「夫人姓盧氏，范陽人。故河南府密縣主簿去惑之女。幼挺淑姿，生知孝理。亂鬌之歲，宛若成人。既笄，適武功蘇氏，故宣威將軍、守左金吾衛大將軍員外置同正員、兼試殿中監、上柱國、賜紫金魚袋恩之妻。」〔註168〕從此誌可知，武功蘇恩娶盧去惑之女，惜不能得知盧去惑之上下世系。

（23）盧師亶一支

盧師亶，鄧州司戶參軍。該支系補自崔溉撰《唐故著作佐郎范陽盧公墓誌銘並序》：「皇唐貞元十有三祀十月景子，前試著作佐郎盧公遘疾終於東都尊賢之里第，享年六十，以其年十二月庚申，窆於洛陽之清風鄉平樂園，邇先塋，禮也。夫人河東裴氏，禮部尚書寬之孫，河南尹諲之女，柔明溫惠，宗黨稱之，先公七歲而逝，今合祔焉。公諱克乂，范陽人也，元魏儀曹尚書陽烏九代孫。曾祖諱師亶，鄧州司戶參軍。大父諱孝孫，將作監丞。烈考諱沼，左驍衛兵曹參軍，姑藏李氏之出。……長男公質，次曰公贄，早歲明經出身；次曰公贊、公賞及次女河東裴堪之妻，相繼先夭。」誌文載克乂乃大房陽烏之九代孫，然仍然無法與《新唐書・宰相世系表》目前已有之世系相銜接，故此單列。

表六五：盧師亶一支世系表

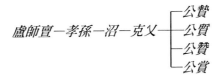

盧師亶－孝孫－沼－克乂─┬─公贄
├─公質
├─公贊
└─公賞

〔註168〕吳鋼主編：《全唐文補遺》第一輯，三秦出版社，1994年，第322～323頁。

（24）盧照鄰一支

盧照鄰是中國文學史上著名的「初唐四傑」之一，但因史料失載，其家族世系一支難以弄清。但 2005 年其弟盧照已墓誌於洛陽出土，爲我們弄清盧照鄰世系提供了契機。《唐故銀青光祿大夫金州刺史上柱國盧君墓誌銘並序》：「君諱照已，字炅之，范陽涿人。漢侍中府君植之十六代孫。……曾祖旦，齊本州大中正，贈殷州刺史。祖子元，隨龍山、新寧二令。父仁勖，唐江都尉，臨潁丞。文學繼業，游夏揚名，才命不齊，郡縣偕詘。古不云乎，明德之後，必有達人。君之昆弟八人，咸能知名當代，有若照乘、照鄰、照容，洎君並弱冠秀出，皆擅詞宗。……他日又撰進亡兄照鄰、照容等文集，又降使慰賞，賜雜綵六十段。洎十有一年九月一日寢疾終於康俗里第，春秋七十有三。……嗣子混、漪、澂、汧等。」〔註169〕另，《舊唐書》卷一九〇上《盧照鄰傳》：「兄光乘，亦知名，長壽中隴州刺史。」可知盧照鄰有一兄長名爲光乘，尚不能判定與墓誌所載照乘爲同一人〔註170〕，此處另列。

據以上考證，列盧照鄰一支世系表如下：

表六六：盧照鄰一支世系表

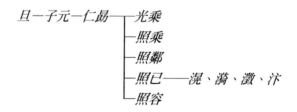

以上是針對《新唐書·宰相世系表》中所載隋唐時期范陽盧氏世系所作的增補和訂正，共補正范陽盧氏成員 392 人，其中大房陽烏房 154 人，二房敏房 62 人，三房昶房 10 人，四房尚之房 34 人，支系不清成員 132 人。

〔註169〕洛陽市第二文物工作隊：《洛陽唐盧照已墓發掘簡報》，載《文物》2007 年第6 期，第 5～8 頁。

〔註170〕傅璇琮、李雲逸認爲光乘與照乘爲同一人，見傅璇琮：《盧照鄰楊炯簡譜》，《楊炯集盧照鄰集》附錄，中華書局 1980 年版，第 195～233 頁。李雲逸：《盧照鄰年譜》，《盧照鄰集校注》附錄二，中華書局 1998 年，第 482～510 頁。胡可先曾結合盧照已墓誌詳細考證光乘與照乘，亦認爲二者爲同一人，但對於照乘（或光乘）是否字「杲之」持保留意見。筆者認爲沒有確鑿文獻佐證情況下，尚不能將二者視爲同一人。